PROSPER OF AQUITAINE
DE PROVIDENTIA DEI

SUPPLEMENTS TO

VIGILIAE CHRISTIANAE

Formerly Philosophia Patrum

TEXTS AND STUDIES OF EARLY CHRISTIAN LIFE
AND LANGUAGE

EDITORS

J. DEN BOEFT – A.F.J. KLIJN – G. QUISPEL
J.H. WASZINK – J.C.M. VAN WINDEN

VOLUME X

PROSPER OF AQUITAINE
DE PROVIDENTIA DEI

TEXT, TRANSLATION AND COMMENTARY

BY

MIROSLAV MARCOVICH

E.J. BRILL
LEIDEN · NEW YORK · KØBENHAVN · KÖLN
1989

Library of Congress Cataloging-in-Publication Data

Marcovich, Miroslav.
    Prosper of Aquitaine, De providentia Dei : text, translation, and
commentary / by Miroslav Marcovich.
        p.   cm. -- (Supplements to Vigiliae Christianae, ISSN
0920-623X ; v. 10)
    ISBN 9004090908
    1. Prosper, Aquitanus, Saint, ca. 390-ca. 463. De providentia
Dei. 2. Providence and governance of God--Early works to 1800.
3. Suffering--Religious aspects--Christianity--Early works to 1800.
I. Title. II. Series.
BR65.P6443D45   1989
231'.5--dc20   89-36313
                                                       CIP

ISSN 0920-623X
ISBN 90 04 09090 8

EDUARDO DES PLACES, S.I.
D D D

CONTENTS

PREFACE

At the beginning of the fifth century Gaul had greatly suffered first from a catastrophic flood, second from the equally devastating raids first of the Vandals, then of the Visigoths, lasting ten full years (ca. A.D. 406 – 415).[1] Finally, at the beginning of 415 king Ataulf left Gaul for Spain (Tarraconensis). Accordingly, the most suitable date for the poem *De providentia Dei* is A.D. 416.

The immediate occasion for the composition of the poem was the sufferings of the innocent people (38, *ultima pertulimus*), specifically, the complaints of the unbelievers, "Why did God allow this to happen? Does He care for the mankind at all?" Consequently, the author's main objective is to prove God's lasting and watchful providence over the universe and mankind (87 – 94). And after covering much theological ground in his wide-ranging and learned poem, the author returns to the plight of Gaul in his passionate peroration (897 – 972).[2]

Ca. 860, Hincmar of Rheims (806 – 882) quoted nine passages from our poem (total, 60 lines) in his treatise *De praedestinatione dissertatio posterior*, while naming Prosper of Aquitaine as their author.[3] Prosper (died after A.D. 455) appears as the author also in the only extant manuscript of the poem—cod. *Mazarinensis* 3896 (copied ca. 1535)—and in the *editio princeps* of the Works of Prosper (Lyons, 1539).

But already in 1565, Jean Soteaux and Jean Hassels denied the poem to Prosper on the grounds that it contained Pelagian (or rather Semipelagian) elements, absent in Prosper's works *Epistola ad Rufinum, De ingratis*, etc.[4] And this seems to be the predominant opinion even today.[5]

---

[1] Compare Pierre Courcelle, *Histoire littéraire des grandes invasions germaniques*, troisième édition, Paris, 1964, 79 ff., esp. 96 – 98; Michael P. McHugh, *The Carmen de Providentia Dei Attributed to Prosper of Aquitaine: A Revised Text With an Introduction, Translation, and Notes*. Diss., The Catholic University of America, Patristic Studies, Vol.98, Washington, 1964, 18 – 24.

[2] A deliberate *Ringcomposition* is enhanced by the repetition of some key words at the beginning and closing of the poem. For example: 9 *invictum . . . vigorem* : 941 *animi vigor*; 13 *strage ruina* / : 923 *prostrata ruina* /; 15 *sub tempestate malorum* / : 910 *sub tempestate laborum* /; 34 *Geticis* : 905 *Geticas*; 45 *popularier igni* / : 926 *populati cordis in aula* /; 46 *vasa ministerii* : 928 *vasa Dei*; 59 *usta . . . ab urbe* : 906 *domus usta*; 88 and 100 *rudibus* : 969 *rudibus*, "the beginners."

[3] *P.L.* 125, pp.442 BC and 445 A-D.

[4] *Divi Prosperi Aquitanici . . . Opera*. [Studio Joannis Soteaux], Lovanii, ex officina J. Bogardi, 1565, fols.179 – 190. Compare Soteaux's *Epistola ad Lectorem*: " . . . *Carmen de providentia Dei a D. Prosperi opusculis removendum duximus, quia Pelagianae doctrinae est, cui Prosper infestissimus fuit. Docet enim optimum quemque non plus gratiae accipere a Deo quam pessimum: sanctos patres ex lege naturae bonos fuisse: a voluntate nostra praeveniri auxilium Dei, et alia multa errori Pelagii consona . . .*"

[5] Compare, e.g., McHugh [supra, n.1], 10 – 18, esp. p.17 n.37; Aimé Solignac, in

However, following L. Tillemont (1712),[6] Max Manitius (1888–1891),[7] especially L. Valentin (1900),[8] and R. Helm (1957),[9] I have elsewhere argued for the authorship of Prosper.[10] It suffices here to adduce these two arguments. First, the alleged Semipelagianism cannot serve as an argument against the authorship of Prosper, since we must allow for a personal theological development of the author between 416 (*De providentia Dei*) and 426–430 (*Epistola ad Rufinum* and the poem *De ingratis*). The same argument applies to the theological evolution of Augustine, who in 428 wrote:

> Quid autem habes quod non accepisti? Si autem et accepisti, quid gloriaris quasi non acceperis? [1 *Cor.* 4:7]. Quo praecipue testimonio etiam ipse convictus sum, *cum similiter errarem*, putans fidem, qua in Deum credimus, non esse donum Dei, sed a nobis esse in nobis, et per illam nos impetrare Dei dona, quibus temperanter et iuste et pie vivamus in hoc saeculo.[11]

Second, as the Commentary demonstrates, the coincidences in doctrine, imagery, diction and lexicon between *De providentia Dei* and Prosper's *De ingratis* and *Epigrams* are of such a magnitude that they undoubtedly suggest one single poet for all three works. In addition, as U. Moricca (1932),[12] especially M.P. McHugh (1964),[13] G.E. Duckworth (1968),[14]

Dictionnaire de spiritualité 12 (Paris, 1985), 2452, "Oeuvres d'authenticité peu probable."

[6] *Mémoires pour servir à l'histoire ecclésiastique des six premiers siècles*, 16, Paris, 1712, p.731.

[7] "Über das Gedicht *de Providentia divina*," *Zeitschrift für die österreichischen Gymnasien* 39 (1888) 580–584; "Beiträge zur Geschichte frühchristlicher Dichter im Mittelalter," *SB Akademie Wien* 117 (1889), Abh.12, p.20 f.; 121 (1890), Abh.7, p.14; *Geschichte der christlich-lateinischen Poesie bis zur Mitte des 8. Jahrhunderts*, Stuttgart, 1891, 170–180.

[8] *Saint Prosper d'Aquitaine. Étude sur la littérature latine ecclésiastique au cinquième siècle en Gaule*. Thèse pour le doctorat . . . Bordeaux, Toulouse, 1900, 767–831 and 893 f.

[9] In *RE* 23 (1957) 884–887, s.v. Prosper Tiro.

[10] M. Marcovich, "The Text of St. Prosper's *De Providentia Dei*," *Illinois Classical Studies* 8 (1983) 108–121. I argued there that a Christian author of the renown of Prosper, in his *Epigrams* and *De ingratis*, could not have borrowed ideas and diction so freely from a *contemporary* compatriot poet of Gaul without running the risk of being exposed as a plagiarist (109 f.).

[11] Augustine, *Liber de praedestinatione sanctorum* 3.7 (*P.L.* 44, p.964 B).

[12] *Storia della letteratura latina cristiana*, III.1, Torino, 1932, p.41 f.

[13] Supra, n.1, pp.182–255.

[14] "Five Centuries of Latin Hexameter Poetry: Silver Age and Late Empire," *T.A.P.A.* 98 (1967) 77–150, esp.126–139 and 144, No.25: "Prosper's *De ingratis* and the *De providentia Dei*, of uncertain authorship, are amazingly similar in most important respects; e.g. choice of patterns, distribution of spondees and dactyls, percentage of fourth-foot homodyne, frequency of repeated, opposite, and reverse patterns. We find here strong arguments to support the view that Prosper of Aquitaine was indeed the author of the *De providentia Dei*."

and A. Longpré (1978)[15] have shown, virtually there is no difference in the metrics of *De providentia Dei* and *De ingratis*.[16]

Prosper's elaborate and remarkable poem is poorly transmitted. The only extant manuscript is cod. *Mazarinensis* 3896 (604), paper, 14 × 9.5 cm (writing field, 10.5 × 7 cm), fol.264, 28–29 lines per page, copied soon after 27 August 1535 (cf. f.68^{v}).[17] Out of the 972 extant lines of the poem, the Mazarine manuscript contains only 340—over six full folios (162^{r}–167^{v}): vv.105–120; 146–155; 175–190; 212–266; 277–520. Fols. 168–170 are blank, and since line 520 of the poem, at the bottom of f.167^{v}, breaks in the middle of a sentence, it seems likely that the scribe intended to continue copying passages from the poem, but was prevented from doing so. The five passages from our poem belong to the general heading, *Poematia variorum super Jhesum Christum, Mariam, Sanctos, Sanctasque*. The anthology of the Mazarine manuscript displays a text close to that of the Lyons edition of 1539 (except for 333 *longa* M : *larga* L, and the correct 506 *tuus* M, for *cuius* L).

The *editio princeps* of the poem appeared at Lyons in 1539, as prepared by Sébastien Gryphe.[18] This edition is our main source for establishing the text of the poem, and I have relied on it wherever possible. In 1711, the Maurists J.B. Le Brun des Marettes and Luc Urbain Mangeant prepared their Paris edition of the Works of Prosper, occasionally improving the text of our poem.[19] I very doubt, however, that they had used a textual tradition different from the Lyons edition. Their text is printed in J.P. Migne (1846).[20]

Two doctoral dissertations must be mentioned. In 1900, L. Valentin offered several convincing emendations. And in 1964, M.P. McHugh prepared a revised text of the poem, accompanied by a facing English translation, an exhaustive Introduction and Commentary.[21] Although

---

15 "Le *De Providentia divina* de Prosper d'Aquitaine et la question de son authenticité," *Revue des Études Anciennes* 80 (1978) 108–113.

16 Incidentally, most probably the Pope Leo I the Great (440–461) occasionally borrowed wisdom from his personal secretary (Prosper), and not from an anonymous poet from Gaul.

17 Compare Auguste Molinier, *Catalogue des manuscrits de la Bibliothèque Mazarine*, III, Paris, 1890, p.227 f.: "Cod. 3896 (604). Papier, fol.264 (vers 1535). Deux gravures coloriées: Crucifixion 156^{v} et Une sainte abbesse 220^{v}. Mélanges de poésies et de liturgies." McHugh [supra, n.1], p.2 n.1. Idem, *Manuscripta* 12 (1968) 3–9.

18 *Divi Prosperi Aquitanici, Episcopi Regiensis, Opera, accurata vetustorum exemplarium collatione per viros eruditos recognita.* Lugduni apud Seb[astianum] Gryphium, 1539, pp.264–290.

19 *Sancti Prosperi Aquitani . . . Opera*, Parisiis, sumptibus G. Desprez, 1711.

20 *P.L.* 51, Paris, 1846 = 1861, pp.615–638.

21 Supra, n.1. It is a sequel to another important doctoral dissertation—Charles T. Huegelmeyer, *Carmen de ingratis S. Prosperi Aquitani. A Translation with an Introduction and a*

McHugh's Latin text is not critical enough, and his translation displays
occasional misunderstanding of the original, his study of the poetical and
other sources of Prosper is an excellent scholarly work, and I have greatly
benefited from it in my Commentary.

The main objective of the present book is to offer a first critical edition
of the poem.[22] Since Prosper's train of thought is not always easy to follow, a facing English translation has been added showing how the editor
had understood his original. In the brief Commentary, I have tried to increase the amount of *Parallelbelege* pointed out by Manitius, Valentin, and
McHugh. I have paid special attention to two kinds of coincidences:
(1) between *De providentia Dei* and Prosper's *Epigrams* and *De ingratis*—in
an attempt to prove common authorship of all three poetic works; (2) between our poem and Greek and Latin Stoic sources—in an attempt to
demonstrate that Prosper's important and peculiar poem is a gem of the
"*Christianized Stoicism.*"[23]

Finally, there are points of contact between Prosper's poem and John
Chrysostom's *De providentia Dei* (composed in A.D. 407), notably in chap-
ters 7–8; 12; 19 and 21 ed. A.-M. Malingrey (Sources Chrétiennes,
Vol.79, Paris, 1961). These encounters are best explained by the assump-
tion that both authors were using common sources.

It is a pleasant duty for me to express my sincere gratitude to the Editors
of the new series, Supplements to *Vigiliae Christianae*, for accepting this
humble homage to Père Edouard des Places, S.J. I am particularly in-
debted to Professor J.C.M. van Winden for several useful remarks.

Urbana, Summer 1988   M.M.

Commentary. The Catholic University of America, Patristic Studies, Vol.95, Washington,
1962.

[22] For my previous textual criticism of the poem compare supra, n.10.

[23] Compare the impressive volumes by Marcia L. Colish, *The Stoic Tradition From
Antiquity to the Early Middle Ages*: Vol.I. *Stoicism in Classical Latin Literature*; Vol.II. *Stoicism
in Christian Latin Thought through the Sixth Century* (Studies in the History of Christian
Thought, Vols. 34–35), Leiden, E.J. Brill, 1985, where Prosper's poem is not mentioned;
Michel Spanneut, *Le stoïcisme des Pères de L'Église de Clément de Rome à Clément d'Alexandrie*,
2nd ed., Paris, 1969.

PROSPERI
DE PROVIDENTIA DEI

Text and Translation

SIGLA

H   Hincmari archiepiscopi Rhemensis *De praedestinatione dissertatio posterior* [a.D. 860]: *P.L.* 125, pp.442 C et 445 A-D

M   Codicis Mazarinensis 3896 [circa a.D. 1535 exarati] fol. $162^{r} - 167^{v}$

L   Prosperi Operum editio Lugdunensis anni 1539

B   Prosperi Operum editio Parisina anni 1711

PROSPERI

DE PROVIDENTIA DEI

I. Prologus

"Maxima pars lapsis abiit iam mensibus anni,
    quo scripta est versu pagina nulla tuo:
quae tam longa tibi peperere silentia causae,
    quisve dolor maestum comprimit ingenium,
5   quamquam etiam gravibus non absint carmina curis
    et proprios habeant tristia corda modos?
Ac si te fracti perstringunt vulnera mundi
    turbatumque ima si rate fert pelagus,
invictum deceat studiis servare vigorem:
10   cur mansura pavent, si ruitura cadunt?''

O felix cui tanta Deo tribuente facultas
    contigit, ut tali tempore liber agat:
quem non concutiat vicina strage ruina
    intrepedum flammas inter et inter aquas!
15   Nos autem tanta sub tempestate malorum
    invalidi passim caedimur et cadimus:
cumque animum patriae subiit fumantis imago
    et stetit ante oculos quicquid ubique perit,
frangimur, immodicis et fletibus ora rigamus,
20   dumque pios agimus, vertimur in querulos.

Nec parcunt quidam turbatam incessere mentem,
    linguarum et iaculis saucia corda petunt.
"Dic, aiunt, causas qui rerum hominumque labores
    arbitrio credis stare regique Dei,
25   quo scelere admisso pariter periere tot urbes,
    tot loca, tot populi: quid meruere mali?
Si totus Gallos sese effundisset in agros
    Oceanus, vastis plus superesset aquis:

Inscriptio: Ex libro sancti Prosperi Aquitanici de prouidentia dei *M* (f. 162ʳ); De prouidentia Dei, liber unus *L in Indice operum* (f. *2ᵛ); *cf. Pr. Ep.* 41 De prouidentia Dei : Prosper
in libro de Prouidentia diuina *H*; De Prouidentia diuina D. Prosperi opusculum *L*; De
Prouidentia Diuina incerti auctoris Carmen *B* // 5 etiam *B* : et iam *L* // 8 ima *scripsi* : una
L B (*cf. v.* 840)

PROSPER

ON GOD'S PROVIDENCE

I. Prologue

"Months run, the most part of the year has already passed away,
  and yet not a single page has been written in your verse.
What is the reason for such a long silence of yours?
  What grief is oppressing your gloomy spirit?
And yet, poetry is not absent even from grave worries,
  and sorrowful hearts do have their way of expression.
Even if you are stricken with the wounds of a shattered world,
  or the hold of a boat carries you over a troubled sea,
still you should keep your strength undaunted by studies:
  when perishable things fall, why should the imperishable ones fear?"

O happy the man whom God has given such a power
  to live free from cares in a time like this!
Who is not shaken by the heap of ruins all around him,
  remaining intrepid amids the flames and flood.
But we, the weak ones, under such a tempest of evils,
  are being cut down everywhere, and we fall.
Each time the image of our fatherland, all in smokes, comes to our mind,
  and the whole range of destruction stands before our eyes,
we break down, and the tears water our cheeks beyond restraint.
  And while we play the role of pious men, we turn into complainers.

Moreover, there are some who do not refrain from assailing our troubled
                  minds,
  hurling the darts of their tongues at our wounded hearts.
They say: "You who believe that the causes of natural things and the actions
                  of men
  stand under the will of God and are being governed by Him,
tell me, what crime have committed so many cities, so many regions, so
                  many people
  to perish altogether? What have they done to deserve such a misfortune?
If the entire Ocean had poured over the fields of Gaul,
  more creatures would have survived the vast waters!

quod sane desunt pecudes, quod semina frugum,
30   quodque locus non est vitibus aut oleis:
quod fundorum aedes vis abstulit ignis et imbris,
        quarum stare aliquas tristius est vacuas.

Si toleranda mali labes, heu caede decenni
        Vandalicis gladiis sternimur et Geticis:
35   non castella petris, non oppida montibus altis
        imposita, aut urbes amnibus aequoreis
barbarici superare dolos atque arma furoris
        evaluere omnes: ultima pertulimus.
Nec querar extinctam nullo discrimine plebem,
40   mors quoque primorum cesset ab invidia
(maiores anni ne forte et nequior aetas
        offenso tulerint quae meruere Deo):
quid pueri insontes, quid commisere puellae,
        nulla quibus dederat crimina vita brevis?

45   Quare templa Dei licuit popularicr igni,
        cur violata sacri vasa ministerii?
Non honor innuptas devotae virginitatis,
        nec texit viduas relligionis amor.
Ipsi desertis qui vitam ducere in antris
50   suerant, laudantes nocte dieque Deum,
non aliam subiere necem quam quisque profanus:
        idem turbo bonos sustulit atque malos.

Nulla sacerdotes reverentia nominis almi
        discrevit miseri suppliciis populi:
55   sic duris caesi flagris, sic igne perusti,
        inclusas vinclis sic gemuere manus.
Tu quoque pulvereus plaustra inter et arma Getarum
        carpebas duram, non sine fasce, viam,
cum sacer ille senex plebem, usta pulsus ab urbe,
60   ceu pastor laceras duceret exul oves.

Verum haec sub belli sileantur turbine gesta,
        confusis quoniam non fuit ordo malis:
forte etenim placidas res mundi et tempora pacis
        arbitra dignetur cernere cura Dei.
65   Si cunctos annos veterum recolamus avorum
        et quicquid potuit nostra videre dies,

---

56 inclusas *scripsi* : inclusae *L B* (*cf. v.* 894)

For the flocks are gone altogether, and so are the seeds of the fruits;
   there is no ground left for vines and olive trees.
The force of fire and rain has taken away the houses of the farms;
   worse yet, some of them still stand there but empty.

If we must endure the blows of the misfortune, alas, for ten full years of
                                       slaughter
   we have been cut down by the swords of the Vandals and the Goths.
No fort set on the rocks, no town built atop a high mountain,
   no city located at a river flowing into the sea
has been able to overcome the wiles of the barbarians
   and their raging weapons: we have suffered all a man can take!
But let me not complain about the people being destroyed without any dis-
                                    crimination;
   let me not begrudge even the death of our leaders!
(Perhaps men of advanced years, and an age rich in wickedness
   have suffered what they deserved from an offended God.)
But what crime have committed innocent boys and girls,
   when their short life span had given them no time to sin?

Why was the enemy allowed to devastate the temples of God with fire?
   Why were the vessels of His holy ministry desacrated?
The honor of the vow of virginity did not protect the maidens,
   the devotion to religion did not protect the widows.
Even the hermits, spending their lives in desert caves
   and praising God by day and night,
were not spared the death befalling any layman:
   the same whirlwind took away both the wicked and the good.

No reverence for the holy name of a minister spared the priests
   the torments of their wretched flocks.
They were equally lashed with cruel scourges and burned with fire;
   they were equally bemoaning their shackled hands.
And you yourself, all covered with dust and carrying your pack,
   traveled the pitiless road amidst the wagons and arms of the Goths,
when the holy bishop was driven from his burnt city,
   leading his mangled flock as a shepherd in exile.

But let us not talk of the calamities caused by the whirlwind of war
   (for evils then pile on each other, and there is no order)!
Perhaps the judging care of God would deign to decide
   over a non-warring mankind in the times of peace.
However, if we take into account all the years of our forefathers of old,
   and all the events of our own times,

maximus iniustis locus invenietur in orbe,
    oppressis autem pars prope nulla bonis.

Qui fuerit violentus, atrox, versutus, avarus,
70   cuius corde fides cesserit, ore pudor,
hunc omnes mirantur, amant, reverentur, honorant,
    huic summi fasces, huic tribuuntur opes:
quod si quis iustus castam et sine crimine vitam
    dissimili studio ducere maluerit,
75   hic inhonorus, inops, odium iuvenumque senumque,
    in totis mundi partibus exul agit.

Impius exultat maturis integer annis:
    carpere non cessant ulcera dira pium.
Falsa valent in iudiciis et vera laborant:
80   insontes sequitur poena, salusque reos.
Ignorata piis illudit adultera sacris,
    blasphemus templi limina tutus adit.
Quae si cura Dei celsa spectaret ab arce
    resque ageret nostras sub ditione sua,
85   aut non effugerent ultrices crimina poenas,
    aut virtus terris sola reperta foret.''

Talia cum facilis vulgi spargantur in aures,
    quam multis rudibus lingua maligna nocet!
Nec tantus dolor est Scythicis consumier armis,
90   quantus ab infidis cordibus ista seri.
Prome igitur sanctis caelestia tela pharetris
    et medicis hostem confice vulneribus!
Forte aliqui poterunt errorum evadere noctem
    inque viam visa luce referre pedem.
95   Ac ne sermo moram patiatur ab impare versu,
    heroi numeris porrige pentametrum.

II

Ista quidem melius divinis edita libris
cognoscenda forent, ubi Legis in aequore aperto
promptum esset ventis dare libera vela secundis:
100   sed quoniam rudibus metus est intrare profundum,
in tenui primum discant procurrere rivo.

---

95 ac *L* (*cf. v.* 208) : at *B*

we shall find that the unjust possess the highest rank on earth,
    while the oppressed just have almost no share at all.

Man violent, cruel, crafty, or greedy,
    man with no faith in his heart and no shame on his face,
he is the object of admiration, affection, reverence, and honor by all;
    he wins the highest office, he obtains riches.
But if a just man, with a quite different endeavor,
    had chosen to lead a life pure and without reproach,
he will remain unhonored, destitute, the scorn of young and old,
    spending his life as an exile, no matter in what part of the world he may
                                                   live.

The wicked man is exuberant and healthy even in his old age,
    while the righteous man never gets free from dire ulcers.
In courts, the falsehood prevails and the truth is trampled upon;
    punishment awaits the innocent, acquittal the guilty.
A disguised adulteress makes mockery out of the holy mess;
    a blasphemer approaches the threshold of the temple with impunity.
Now, if God's care indeed observed all this from His heavenly tower,
    if He really conducted our affairs with His sovereign power,
either crimes would not escape the avenging punishment,
    or virtue alone would have been found on earth.''

When such words are being poured into the credulous ears of the crowd,
    the unlearned ones being harmed by an evil tongue are legion!
Indeed, it hurts less to be cut down by the Scythian arms,
    than to hear such words being spread by the unbelieving hearts.
Therefore, take out celestial arrows from the holy quivers,
    and strike the enemy with the healing wounds!
Perhaps some will be able to escape the night of their errors
    and to return to the right way once they have seen the light.
But lest my discourse be delayed by the unequal verse,
    extend the pentameter to the epic meter!

II

What is conveyed in the Holy Scripture
would have been better learned in the open sea of the Law,
where it would be easy to spread free sail to favorable winds.
But since the unlearned are afraid to enter into deep water,
let them first learn to advance in a shallow stream!

---

94 viam : cf. Io. 14:6 // visa luce : cf. Io. 8:12

Quae iacet extremo tellus circumdata ponto
et quae gens hominum diffusa est corpore mundi
(seu nostros annos, seu tempora prisca revolvas)
105 esse omnes sensere Deum, nec defuit ulli
Auctorem natura docens. Et si impius error
admisit, multis tribuens quod debuit uni,
innatum est cunctis Genitorem agnoscere verum.

Hic auctore carens et tempore permanet idem
110 semper, et immensum non saecula nec loca claudunt.
Hic nullis mundi causis extantibus, in se
quicquid vellet habens, cum visum est, omnia solus
condidit ut voluit, formas numerosque modosque,
et genera et vitas statuens et semina rebus.

115 Quicquid inest caelo, quicquid terraeque marique,
quicquid quocumque est in corpore sive animatum
sive expers animae (calida, humida, frigida, sicca),
uno extant auctore Deo: Qui divite Verbo
(quod Deus est) rerum naturas atque elementa
120 protulit, et summis Opifex intentus et imis.

Quod vero adversis compugnant condita causis
atque aliis alia obsistunt, contraria discors
omnia motus alit, dumque illi occurritur illo,
vitalem capiunt cuncta exagitata vigorem.
125 Quae vel pigra situ, vel prono lubrica lapsu
aut cursu instabili, stabili aut torpore perirent.
Mollia sic duris, sic raris densa resistunt,
et liquidis solida, et tardis velocia, claro
obscurum obiectum, et dulci contendit amarum.

130 Nec mihi fas dixisse aliquid non rite creatum,
aut ullas ausim mundi reprehendere partes,
cum Sator ille operum teneat momenta suorum
et carptim varios in totum temperet usus.
Denique quicquid obest, aut causa aut tempore verso
135 prodest, et gemino subsistunt cuncta periclo.
Frigora perpessus solem cupit: ustus ab aestu

---

102 quae 103 et quae *scripsi* : qua . . . et qua *L B //* 105–120 *habet M //* 107 admisit *scripsi* : amisit *M L B //* 110 non *B* (*cf. v.* 187) : nec *M L //* 131 reprendere *L*

The entire earth, surrounded by the outermost ocean,
the whole race of men, spread over the body of the world
(whether you reflect upon our own age, or the time of old),
all men have felt that there is God, nor did the nature fail anyone
in teaching him the existence of his Creator. Even when the impious error
committed the sin of attributing to many what it should to one,
still it remained inborn in all men to recognize their true Father.

He, being without creator and beyond time, remains always the same,
and is so immense that neither place nor age confines Him.
He alone, without any causes for the world's existence,
and having in Himself whatever He wanted
created all things when He willed and as He willed,
while assigning to the things their shapes, numbers, measures, kinds, way of
                                        life, and seeds for future things.

Whatever exists in the sky, or on land, or in the sea,
whatever is present in any body, whether it be living
or void of life (hot, moist, cold, or dry element),
all have God as their sole Creator. He, through His bountiful Word
(which is God), produced the natures and elements of all things,
a Maker paying equal attention to the lowest as to the highest.

True, the things fight and clash with each other, for they are created
out of opposing causes. But it is exactly this motion in opposite directions
that nurtures all contrary things. For while one thing collides with another,
they all receive their vital force from this motion.
If they either remained quiet in one place, or kept falling headlong,
they would certainly perish either through their unstable course or through
                                        their stationary immobility.
That is why the soft elements resist the hard ones, the dense the rarefied,
the solid the liquid, the swift the slow. That is why the obscure
struggles with the clear, and the bitter strives with the sweet.

It would be wrong for me to say that something has not been created properly,
nor would I dare to find fault with any part of the world.
For the Creator has in His hands the decisive power over His works,
and He controls the usage of every singular thing with a view to the whole.
Consequently, whatever is harmful becomes beneficial by change of time or
                                        cause,
and all things subsist under a double chance.
A man who has endured the cold, longs for the sun; and the one who has
                                        been scorched with the heat,

---

118 divite : cf. 2 *Cor.* 8:9 // Verbo : cf. Io. 1:1

inter Hyperboreas mavult algere pruinas.
Iniusto pluviam metuit sub fasce viator,
quam poscit votis sitienti rusticus agro.
140 Caeruleos angues timor isti est visere, at illi
intrepida excoctis oneratur mensa chelydris.
Quod si forte lupos lyncasque ursosque creatos
displicet, ad Scythiae proceres regesque Getarum
respice, queis ostro contempto et vellere Serum
145 eximius decor est tergis horrere ferarum.

Singula sectari longum est, sed munere Christi
scire datum: quod alit tellus, quod in aequore vivit,
quicquid in arboribus, quicquid variatur in herbis,
in laudem Auctoris certis subsistere causis,
150 et quae sola nocent, eadem collata mederi.

III

Est igitur Deus, et bonus est, et quicquid ab illo
effectum est culpa penitus vacat atque querela.
Omnem autem hanc molem mundi qui condidit, ipse
et regit: utque nihil non ortum sumpsit ab illo,
155 sic nihil est quod stare queat Factore remoto.

Nam qui pigra Deo dant otia, credo, verentur,
ne curae intentum vigiles durique labores
conficiant et tanta simul non explicet unus.
O mersi in tenebras divinique ignis inanes,
160 et plus corporeis oculis quam mente videntes,
qui vestrae aeternum naturae et conditioni
audetis conferre Deum! Cui, si quid amatis,
in laudem pravi adjicitis vestrisque beatum
creditis esse bonis aut ulla incommoda ferre.

165 An quia, cum magnas urbes populosque tenetis
sub vestro imperio, miserum est insomnibus aegram
partiri curis in multa negotia mentem,

---

146 munere Christi—155 remoto *habet* M // 150 et *scripsi* : at *M L B* // 154 ortum *in textu*, horum *in mg. M L B*

prefers to feel cold amidst the Hyperborean frosts.
A wayfarer beneath his cruel pack dreads the rain,
while a farmer prays for rain for his thirsting field.
One man fears even to look upon grey snakes,
while the fearless table of another man is filled with roasted amphibious
serpents.
And if anybody is displeased with the fact that wolves and lynxes and bears
have been created,
let him look at the chieftains of Scythia and the kings of the Goths!
They scorn the purple robes and the Chinese silk,
and consider it a special elegance to bristle in the skins of wild beasts.

It would take too much time to mention every single example, but through
the gift of Christ
so much we know: whatever nurtures the earth, whatever lives in the sea,
the entire variety of trees and plants,
they all subsist for definite purposes to the glory of their Creator,
and whatever causes harm by itself, it provides remedy when brought into
connection.

III

Consequently, God exists: He is good, and whatever
has been made hy Him is entirely free of fault and of cause for complaint.
He who has created all this mass of the world, He himself
governs it too: just as there is nothing that has not received its origin from
Him,
so there is nothing that could stay if its Maker were removed.

For those who attribute to God a lazy leasure, I think, are afraid
that His watchful cares and hard works may exhaust His attentiveness,
so that He on His own may not be able to accomplish so many things at the
same time.
O you who are sunk in darkness, who are void of the divine spark!
You who look with your bodily eyes rather than with your mind!
You who dare to compare the everlasting God
to your own nature and condition! Whatever you yourselves choose,
you attribute it to Him in laud of the wrong: you believe
that He is rich in your kind of goods or that He suffers any discomfort!

You hold mighty cities and peoples under your rule,
so that it becomes difficult for you to divide your attention among so many
different chores,
for your mind is being stricken with sleepless worries.

cumque graves trepidis incumbant undique causae,
non fert urgentes industria victa labores,
170   et si animis aegris depulsa est sollicitudo,
blanda voluptatem requies creat otia nactis:
de Domino hoc sentire pium est, quem semper eundem
nil gravat, ex toto nil occupat? Effluit aetas
ac venit, et spectant genita et gignentia finem:
175   ille manet, simul acta tenens et agenda, futuris
ulterior, dum praeteritis prior, omnibus unus
praesens, et solus sine tempore tempora condens.

Utque aevi spatia ac numeros praecedit et exit,
sic nullo immensus cohibetur fine locorum.
180   Nilque adeo est magnum, quod non certus modus arcet:
et caelum et terras et totum denique mundum
limes habet: meta est altis et meta profundis.
Sed nusquam non esse Dei est: qui totus ubique
et penetrat mundi membra omnia liber et ambit.

185   Haec igitur vis sola potest moderamina rerum
dividere et placidis eadem persistere curis:
quam non effugiant cita, nec remorantia tardent,
quae nunquam ignara, nunquam longinqua, nec ullis
translata ac cedens regionibus absit ab ullis,
190   nec de noscendis egeat manifesta doceri.
Haec testis rerum tacita audiat, abdita cernat,
det vitas adimatque datas, pereuntia salvet,
deiecta attollat, premat ardua, proroget annos
et minuat, mutet corda, et peccata remittat.

175–190 *habet M* // 176 dum *scripsi* : tum *M L B* // 189 ac cedens *scripsi* : accedens *M L B* // 190 de noscendis *B* : dignoscendis *M L*

And whenever grave concerns beset restless men on every side,
their exhausted energy becomes unable to carry on pressing tasks;
but as soon as the anxiety is driven away from their troubled spirits,
they find a respite, and the sweet rest produces pleasure at once.
Now, is it justified and pious to feel the same way about God?
He who is ever the same, whom nothing burdens and nothing preoccupies at
                                                                    all!
Ages come and go; both what begets and what is begotten meet their end.
But He remains, comprising at the same time what has been done and what
                                                        is to be done;
ulterior to what is to come, and prior to what has already passed.
The only One to be present in all things; the only One to create time while
                                                Himself being beyond time.

And just as He precedes and transcends the spaces and measures of time,
so is His immensity confined by no boundaries of place.
There is no thing so great as not to be limited by a definite measure:
heaven and lands, in brief, the entire world are confined by their boundaries:
there is a limit to the heights and a limit to the depths.
But no place without the presence of God is to be found: He is everywhere in
                                                            His entirety,
and He freely penetrates and visits every single part of the world.

Consequently, such a force as His alone is able of dispensing the government
                                                    of the universe,
and, at the same, of remaining unconcerned in its care.
Nothing is too swift to escape its notice, nothing too slow to retard it.
It is never without knowledge, never too distant.
While approaching all parts of the world and withdrawing from them, it is
                                            never totally absent from any.
Possessing full knowledge of everything, it lacks no instruction in whatever is
                                                        to be known.
This force, as a witness of events, is able of hearing what is silent and seeing
                                                        what is hidden.
It is able of giving life, and also taking it away; of saving the perishable,
lifting up what has been cast down, and bringing down the lofty; of prolong-
                                                            ing the years,
and shortening them as well; of changing the hearts, and remitting the sins.

---

182 cf. *Rom.* 8:39

IV

195   Sed qui virtutem concedunt Omnipotenti,
        forte voluntatem demant et, magna regentem,
        curam hominis renuisse putent, in tempora nati
        exigua et varia sub tempestate relicti.
        Quo vos sponte iuvat cadere oblitosque Parentis
200   in pecudum genus et sortem transire ferarum?
        Incomperta latent naturae exordia nostrae,
        aut spem propositam in Christo praesentia turbant?
        Parcite sublimes aeternae gentis honores
        degeneri violare metu, potiusque relictum
205   immortale decus superato apprendite caelo.
        Nota via est, Christo cunctis reserante magistro:
        qui vocat, et secum nos deducturus et in se.

        Ac ne vaniloqui spondere incerta putemur,
        res monet a primis aperire parentibus ortum
210   humani generis causasque evolvere vitae
        amissae et rursus, Christo donante, receptae.

        Dispositis rebus totum iam Conditor orbem
        fecerat et pulchra vernabat origine mundus.
        Iam sol dimensis in tempora cursibus ibat
215   lunaque cum stellis praebebat lumina nocti.
        Iam pecudes tellus, iam pisces pontus alebat
        et liquidum volucres innabant aëra pennis.
        Sed quod divina posset ratione potiri,
        nondum erat in terris animal: dedit optimus Auctor
220   hoc homini speciale decus, cumque omnia Verbo
        conderet, hunc manibus, quo plus Genitoris haberet,
        dignatur formare suis. Substantia duplex
        iungitur inque unam coëunt contraria vitam.

        Namque anima ex nullis, ut cetera, gignitur, expers
225   interitus, nisi quod Domino cruciabilis uni est
        et rea ferre potest poenam sub nomine mortis:
        terrenamque illapsa domum, dat vivere secum

212–266 *habet M* // 219 dedit—240 mens *citat H* (*omissis* 221 sq. quo plus Genitoris haberet,
/ dignatur formare suis) // 226 potest *H L B* : post *M*

IV

But those who concede the power to the Omnipotent
perhaps deny His will, while thinking: True, He rules over the universe,
but He has renounced the care for man, who is being born
for just a short time and thus left to suffer various misfortunes.
O why do you choose to fall deliberately? Forgetting your Father,
why do you want to pass into the species of sheep and the condition of beasts?
Do the origins of the human nature lie undiscovered by you,
or is rather the hope set before you in Christ being upset by your present cir-
                                                            cumstances?
Stop violating the high honors allotted to an everlasting race
with your ignoble fear! Conquer the heaven instead,
and seize the immortal glory which has been reserved for you!
The way is known, for Christ the Master is opening it for everyone;
He summons us to lead us both with Himself and in Himself.

But lest the people take us for an idle prattler who promises uncertainties,
it seems appropriate to reveal the origin of the human race
from our first parents and to unfold the reasons
for our loss of the eternal life and for its recovery as a gift of Christ.

Having arranged all things, the Creator had already made the entire universe,
and the world flourished thanks to its noble origin.
Already the sun was revolving, its orbit being measured out into seasons,
and the moon along with the stars provided the night with the light.
Already the land nurtured its beasts, the sea its fish,
while the birds sailed upon the clear air with their wings.
But there was not yet on the earth an animal
able to acquire the divine reason: the most gracious Creator
gave this special honor to man. And while God had created all things
                                                    through His Word,
He deigned to form man with His own hands, so that man may have in him-
                                        self a greater part of his Creator.
A twofold substance was put together and two opposite principles joined to
                                                    form a single life.

For the soul, unlike the rest of the things, is not being born from anything.
It is free from destruction, except that it is susceptible of torture coming from
                                                            the Lord alone,
and, if found guilty, it may be subject to punishment under the title of death.
After the soul has entered its earthly home [the body], it allows its partner
                                        [the body] to live with it

---

197 sq. cf. *Sap.* 9:5 homo infirmus et exigui temporis // 221 sg. *Gen.* 2:7 Formavit igitur
Dominus Deus hominem de limo terrae.

consortem et pariter divinum haurire vaporem.
Nec quia dissimilis rerum natura duarum est,
230 dispar conditio est: manet exitus unus utramque,
seu potior iuri subdatur posterioris,
seu se maioris virtuti infirmior aequet.
Est etenim ambarum vinci, est et vincere posse,
proficere et minui, regnare et perdere regnum.

235 Non quia plus cuiquam, minus aut in origine causae
nascendi attulerint, aut ulla externa creatos
vis premat ignarosque agat in discrimina morum,
sed quia liber homo et sapiens discernere rectis
prava potest, in se intus habens discrimina rerum
240 iusque voluntatis: quo temperat arbitrium mens,
si tamen ancipitis caeca inter proelia vitae
non de se tumeat, sed votis tuta modestis
inde putet totum posse, unde accepit et esse.

Insita sic nobis patriae virtutis imago est:
245 longo iustitiae quae multum exercita cultu
ceu speculo lumen divinum imitata referret.
Cumque bonis positum transisset in artibus aevum,
aeternam victrix arcem mansura teneret,
totaque res effecta Dei iam nulla subiret
250 proelia, nec trepide secum decerneret in se,
nec vellet quod mox nollet voluisse, timere,
ignorare, optare, pati iam nescia, nullis
crescere egens cumulis nullisque obnoxia damnis.

Et quo promissis adsit fiducia magnis,
255 ac spes propositae sit non incerta coronae,
munere praesentis vitae documenta futurae
sumit homo et dandis confidere discit adeptis.
Huic caeli volucres et cuncta animalia terrae
subiecta et pisces, quos nutrit pontus et amnes.

---

230 utramque *scripsi* (*cf. v.* 229 duarum *et v.* 233 ambarum) : utrunque *H L B* // 253
-que *om. M*

and to share in breathing the divine spirit.
Nor, because the nature of the two principles is different,
is their condition dissimilar: the same end awaits each of them,
whenever the superior principle [the soul] submits to the rule of the inferior
                                                                    one [the body],
or the weaker one rivals for the power of the stronger one.
And indeed, it is in the power of both principles to win and to lose,
to prosper and to suffer losses, to rule and to lose the reign.

It is so, not because anyone, at his birth, would either benefit or suffer
from the causes that have brought him to this world; or because any external
                                                                    force
would influence a man once born, and in his ignorance would lead him to a
                                                                    perilous way of life.
It is so because man, endowed with free will and reason, is capable of distin-
                                                                    guishing
between right and wrong. Deep within himself, he possesses the power to dis-
                                                                    cern the things
and the right to choose. It is by this power that the mind regulates its
                                                                    judgment,
unless amidst the uncertain battles of a wavering life
the mind swells with its own pride, instead of remaining safe within its
                                                                    modest desires,
and recognizing that the source of its whole power is the same as the source
                                                                    of its very being.

Consequently, the image of the power of our Father is implanted in us.
Through a long and thorough exercise of the respect for justice
this power would have imitated and reflected the divine light as in a mirror.
And after a life spent in practicing noble arts,
as a winner, it would have obtained the eternal citadel to hold forever.
The whole creature of God [man] would then suffer no internal strife:
it would not contend with trepidation within itself against itself;
it would not choose what it pretty soon would regret having chosen;
it would be free from fear, ignorance, desire, and suffering;
it would be subject to no loss, and would lack no means of growing.

Now, in order to obtain the assurance of these great promises,
in order to possess a firm hope for the crown reserved for him,
man acquires the proofs of the future life through the gifts of his present life,
and learns to have trust in the gifts to come by those he had already received.
It was to man that the birds of the sky were made subject, and also all the
                                                                    beasts of the earth,
and the fish that are nurtured by the rivers and the sea.

260 Huic solis lunaeque vices et sidera noctis
     nosse datum numerisque dies comprendere et annos,
     scire potestates herbarum et nomina rebus
     indere et ingenium varias augere per artes.
     Hunc potiorem unum cunctis spirantibus uni
265 subiectum servire Deo, nec corporea vi,
     sed rationis ope praefortibus imperitare.

                                   V

     Quod si quis non totus homo haec extendere verbis
     me putat et nondum sese cognovit in istis,
     audiat a primis distare parentibus actum
270 per delicta genus, multa et rubigine morum
     corruptum exigui semen superesse vigoris.
     Utque suae tantum naturae discat honorem,
     in summum sancti generis redeat caput et se
     aestimet a manibus Domini afflatuque regente.

275 Qualis Adam, nondum terram damnatus in istam
     et liber culpae, paradisi divitis orbem
     cultarum locuples virtutum fruge tenebat.
     Cui cum tanta Deus largitus dona fuisset,
     viperei populi princeps invidit et alta
280 deiectus regione poli (quia summa tenere
     non nisi pura potest bonitas), maiora nocendi
     concepit verso mutatus corde venena.
     Qui possessorem tantarum deliciarum,
     mandato exclusum quia noverat arbore ab una,
285 perpulit a vetitis pomum decerpere ramis,
     queis inerat recti et pravi experientia maior
     tunc ditione hominis: quia nondum acceperat hanc vim,
     qua posset vitanda suo sine nosse periclo.

     His illata dolis, hoc crimine nata subegit

---

264 hunc *L B* : huic *M* // 271 corruptum exigui *scripsi* : corrupti exiguum *L B* // 278
Cui—520 ictum *habet M* // 279 uiperi *M* // 283 qua *M*

It was he to whom it has been given to become acquainted with the vicissitudes
                                        of the sun and the moon,
and with the stars of the night; to count the days and the years;
to know the faculties of herbs; to give names to things;
to enrich his natural abilities through the practice of various arts.
He alone was granted to be more powerful than any other living being,
and to govern over the animals much stronger than himself, not by bodily
                                                        strength,
but by the power of reason, while, at the same time, being bound to serve to
                                                    God alone.

V

But if a man deprived of sense thinks that my account is sheer exaggeration,
and did not yet recognize himself in it,
let me tell him that the human race today is very distant from our first parents,
being driven through so many sins, and that only a seed of poor strength
had survived, corrupt by the moral turpitude.
But if he wants to learn the honor bestowed upon the human nature alone,
let him go back to the first roots of the Holy People
and consider himself as coming from the hands of the Lord and from His
                                                    ruling breath.

Such was Adam, when he still possessed the region of the bountiful paradise
and was rich in the fruit of the virtues he had cultivated,
being free from sin and not yet condemned to this earth.
When God had bestowed such great gifts upon him,
the ruler of the serpent-throng [Satan] became envious;
and when he had been thrown down from the lofty realms of heaven
(because pure goodness alone may possess such heights),
after the fall he started nursing strong and dangerous poisons in his changed
                                                        heart.
He knew that man, the possessor of so great delights,
had been excluded by command from the use of one tree,
so he drove him to pluck a fruit from its forbidden branches,
which possessed a knowledge of right and wrong greater than the one
that was then under man's control. For man had not yet received
the power enabling him to know evils without endangering himself.

Introduced by such a guile and born of such a crime,

---

262 sq. et nomina rebus / indere : *Gen.* 2:19–20 // 264–266 *Gen.* 1:26–28 et 9:2–3 //
274 *Gen.* 2:7; 1:2 // 289 sq. *Rom.* 5:12–14

290   mors hominem, culpa in cunctos manante minores.
Quae semel antiqua pulsos virtutis ab arce
non uno tantum transfuso errore parentum
implicuit, sed cum populis nascentibus aucta
multiplicem lata porrexit strage ruinam.

295   At quamquam immissa regnaret morte peremptor,
nulla tamen placitos Domino non edidit aetas
cunctaque diversos habuerunt saecula iustos.
Quos licet ob meritum vitae bona multa manerent,
in mortem vitiata tamen natura trahebat,
300   non prius a primi vinclo absolvenda parentis,
quam maiestate incolumi generatus in ipsa
destrueret leti causas et semina Christus.

    —   —   —   —   —   —   —   —

Cuius perpetuam cunctis assistere curam
promptum est exemplis ab origine nosse petitis.

305   Non latet hanc sanctis onerans altaria donis
iustus Abel, qui primitiis ovium grege lectis
convertit Domini sincera in munera vultum.
Nec fallit specie devotae relligionis
dona Cain reprobanda dicans, cui virus amarum
310   invidia in fratrem succenso felle coquebat.
Nec revocare ferum Dominus sermone benigno
abstinuit, quantumque nefas strueretur ab ipso
ingessit formamque dedit, qua vincere sese
posset et insanae regnaret fortior irae.
315   Sed concepta semel facinus crudele peregit
impietas, scelere immerso ⟨in⟩ primordia mundi.
At numquid placitum sibi iustum a caede nefanda
non potuit servare Deus? Sed finis acerbi
occasum potior vita et tribuenda corona
320   immodico aeterni superabant pondere honoris.

Quid, cum viventem de terris transtulit Enoch,

290 hominemque *M* // 291 virtutes *M* // 295 peremptor *Valentin* : peremptos *M L B* // 302 *post hunc versum lacunam signavi (quia* 303 cuius = Dei, *non* Christi: *cf.* 307 Domini; 311 Dominus; 318 *et* 322 Deus; 329 cura Dei *et saepius*) // 305 donis *scripsi* (cf. *Test.* et 309 dona) : sacris *M L B* // 308 devotae *scripsi (cf. v.* 47) : deuota *M L B* // 316 immerso ⟨in⟩ *scripsi* (*cf. v.* 350 *M*) : inmenso *M*, immenso *L* (*sed cum asterisco post* mundi) : immergens *B*

death subjugated man, and the fault spread to all his descendants.
Once men were driven from their original citadel of virtue,
death got them under her grip; and not merely by the transmission of the
                                                one sin of the forefathers,
but rather while increasing with the birth of the multitude of peoples,
she spread her manifold destruction to become a vast massacre.

However, although the Destroyer now reigned over men through the intro-
                                                duction of death,
no age failed to produce men pleasing to the Lord,
and every generation displayed just men, each one in his own way.
Many rewards awaited such men because of the merit of their way of life,
and yet their tainted nature dragged them to death.
For that nature could not be freed from the bonds of our first parent
until Christ, being born in this nature without impairment to His majesty,
destroyed the causes and seeds of death.

–   –   –   –   –   –   –   –   –

Whose [God's] continuous care in assisting everyone
can be easily recognized through examples taken from man's origins.

This care did not fail to notice the just Abel overloading the altars with his
                                                holy offerings:
having chosen from his flock the firstlings of the sheep,
he turned the countenance of the Lord to his sincere gifts.
Nor did Cain escape the notice of the Lord while bringing the displeasing
                                                offerings
under the pretext of a devout religion. For Cain's envy toward his brother
was preparing a bitter poison for him in his burning bile.
Nor did the Lord fail to try to restrain the fierce Cain with kindly words:
He made clear to him all the magnitude of the crime he was contriving,
and gave him the precept enabling him to become master of himself
and to regain the control over his insane wrath.
But impiety, once conceived, accomplished the cruel misdeed,
and crime plunged into the first beginnings of the mankind.
Now, was God unable to save a just man pleasing to Him
from a heinous slaughter? But a better life
and the crown reserved for him surpassed the misfortunes of a harsh death
through the immense weight of everlasting glory.

And when God transported Enoch from the earth alive,

305–316 *Gen.* 4:3–8 // 307 cf. *Num.* 6:26 Convertat Dominus vultum suum ad te; *Gen.*
4:4 et respexit Dominus ad Abel et ad munera eius // 311–313 *Gen.* 4:6–7 // 321 *Gen.* 5:24

spernebat terrena Deus? Namque omnibus illud
proderat exemplum, quo mortis terror abiret
spemque inconcussam caperet substantia carnis.

325   Sic alio post multa aevo documenta minores
propositae in Christo meruerunt sumere vitae,
cum raptum ignitis per inane iugalibus Helim
scandentem rutilo viderunt aethera curru.

An aberat tum cura Dei, cum effusa per omnes
330   gens hominum culpas, penitus pietate relicta,
dira toris vetitis generaret monstra Gigantas?
Illa quidem, mundi exitium praefata futurum,
tempora larga dedit, queis in meliora reducti
mortales scelerum seriem virtute piarent.
335   Cumque nefas placitum toto persisteret orbe,
nec nisi diluvio deleri crimina possent,
337   sola Noë servata domus: quae, libera cladis,
340   illaesa mundo pereunte superfuit arca,
338   conclusis paribus spirantum de genere omni,
339   unde forent vacuis reparanda animalia terris.
341   Non quia non alios populos Deus edere posset,
sed, multis fractus morbis, ut semine ab ipso
idem homo in Christi corpus nascendo veniret,
utque, Deo iusto meritorum iudice, partam
345   nossemus requiem sanctis in clade malorum.

Nonne etiam in nostram Domini iam tum miserentis
progeniem tendebat amor, cum credulus Abram,
multorum, pariente fide, genitor populorum,
promissum genus innumeris censebat in astris?

350   Aut cum in Pentapolim descenderet igneus imber,
nonne prius multo dilata examine venit
iudicis ira Dei? Qui, promptus parcere, nullas
invenit causas veniae deque omnibus unum
dissimilem Sodomis incesta in plebe repertum

---

333 larga *L B* : longa *M* // reducti *B* : deducti *M L* // *v.* 340 *post v.* 337 *transtuli* // 350
in *om. M* // descenderet *B* : descenderit *M L*

did He show contempt for the happenings on earth? For that was an example
to serve to all men, so that the dread of death may depart,
and the substance of flesh may adopt an unshakable hope.

Later on, in another age, their posterity equally merited
to receive many proofs of the eternal life set before them in Christ,
when they saw Elias being carried by a team of flaming horses through the air
and ascending the heaven in his shining chariot.

Was God's care absent when the race of men,
committing every possible sin and utterly abandoning piety,
begot in forbidden marriages ill-omened monsters, the giants?
That very care had predicted the coming destruction of the world,
and then gave the mortal men ample time to return to a better way of life
and to expiate their chain of crimes through the practice of virtue.
But when the sin, accepted by everybody, persisted throughout the world,
and crimes could be destroyed only through a universal flood,
then the household of Noe alone was saved. It remained free from destruction,
and while the whole world perished it survived in an unharmed ark,
in which pairs of living creatures of every kind were enclosed,
so that later from them animals might be restored to the empty lands.
It was done so, not because God could not create other peoples,
but rather that the same man, born from the same seed,
though weakened by many maladies, might come by birth into the body of
                                                                        Christ;
it was done so for us to learn that amidst the destruction of the wicked
the rest has been reserved for the holy, thanks to God as the just judge of
                                                              everyone's merits.

Did not the Lord already then show His mercy and love
for the human posterity, when the faithful Abraham,
the father of many peoples through fruitful faith,
was reckoning his promised progeny by the countless stars?

Or when a rain of fire descended on Pentapolis,
did not the wrath of the judging God come only
after a long delay and weighing? God, prompt to spare,
found no reason for mercy; He took out of the city Lot,
the only man found different from the rest of the men of Sodom in this sinful
                                                                        people,

---

327 sq. 4 *Reg*. 2:11 ecce currus igneus et equi ignei diviserunt utrumque; et ascendit Elias
per turbinem in caelum // 329–311 *Gen*. 6:4 // 335–340 *Gen*. 6:9—8:19 // 343 1 *Cor*.
12:12–27; 6:15; 10:17; *Rom*. 12:5; *Eph*. 4:1–16; 5:29–30; *Col*. 1:18; 1:24 // 350 *Sap*. 10:6
descendente igne in pentapolim // 350–355 *Gen*. 18:16—19:29

355   exemit parvique dedit dominum oppiduli Loth.

         Cum vero Aegyptum Chananaeaque regna teneret
         dira fames, totos septem toleranda per annos,
         praestruitur certe patriarchis causa movendis
         et domus externos inter placitura paratur,
360   quae blande foveat populi incrementa futuri:
         mystica dum Ioseph prodentem somnia fratres
         in servum vendunt pretio falluntque parentem:
         dum castum dominae petulantia carcere damnat,
         dum rex, obscuri ⟨e⟩narrato aenigmate somni,
365   exemptum vatem dignatur honore secundo,
         dumque piis traducta dolis Hebraea iuventus
         gaudet ador⟨n⟩atum venia cognoscere fratrem.

         Qui cum multa insons ferret mala, nonne remotum
         resque hominum dedignantem potuisset inepto
370   incusare Deum questu, nisi cuncta profundis
         Iudice sub iusto scisset decurrere causis?
         Quae licet infidas soleant confundere mentes,
         non possunt turbare pias, quia tempore in isto
         haec posita est virtus, ut libertate potitos
375   exiguo in spatio iusti patiantur iniquos,
         quos Deus ipse modo dilata sustinet ira.

         Sic gens cara Deo et saevo suspecta tyranno
         iniustum imperium regis tolerabat acerbi,
         maestarum et matrum foetu potiore necato
380   condendas iussos lateres praebebat ad urbes,
         ut durus labor et saevae inclementia mortis
         omnes terribilis populi consumeret annos.

         Sed non ista Deo patribus illata remoto

---

364 ⟨e⟩narrato *scripsi* : narrato *M L B* // 367 ador⟨n⟩atum *scripsi* : adoratum *M L B* //
377 sic *M L* : si *B* // 380 condensas *M L, corr. B*

55 and granted him to rule over a small city.

Even when dire famine held Egypt and the realms of Canaan
under its grip, and had to be endured for seven whole years,
God had arranged beforehand with certainty a reason for the migration of the
patriarchs,
and a pleasing abode for them was prepared among the foreigners,
60 to foster with care the growth of a future nation.
Meanwhile Joseph's brethren sold him into slavery for a price,
and then deceived their father, because Joseph was telling them his mystical
dreams.
Then the impudence of his master's wife condemned the chaste Joseph to
prison.
But Pharaoh released our prophet and honored him with a place second only
to his own,
65 once Joseph had explained to him the riddle of his obscure dream.
And finally, the Hebrew youths, being deceived by an innocent trick,
rejoiced in recognizing their brother adorned with forgiveness.

While suffering so many evils though guiltless,
could Joseph not have senselessly blamed God
70 for being distant and disdaining the affairs of men,
had he not known that all things happen for profound reasons under a just
Judge.

Such evils may often confound the minds of the unbelievers,
but they cannot disturbe pious minds. For in our age
this is the ruling virtue: the just should endure the unjust,
75 who have received full liberty for but a short time
and whom God Himself tolerates only by deferring His wrath.

Thus the people dear to God, but mistrusted by a cruel tyrant
endured the unjust rule of the harsh Pharaoh:
although their male offspring were killed and their wives were in sorrow,
80 they continued to provide the ordered bricks for the building of Pharaoh's
cities,
who wanted that hard labor and the harshness of a cruel death
consume all the years of this fearsome nation.

But God Himself demonstrated that He was not far distant when our forefathers

---

356 sq. *Gen.* 47:13 // 357 *Gen.* 41:54 // 358 sq. *Gen.* 46:1—47:12 // 361 sq. *Gen.* 37:5–36
// 363 *Gen.* 39:1–20 // 364 sq. *Gen.* 41:14–46 // 366 sq. *Gen.* 44:1—45:8 // 377–382 *Exod.*
1:8–22

Ipse docet curamque sibi probat esse suorum.
385 Nam iubet electum Pharaoni edicere Mosen,
ut sinat Aegypto Domini discedere plebem:
ni faciat, multis plectenda superbia plagis
sentiet excitam, quam Regis vim habet, iram.

Ille quidem quoties patitur caelestia tela,
390 cedit et obsequium simulat: sed clade remota
duratur parcente Deo, causas pereundi
impius inde trahens, quo posset habere salutem.

Donec vi victus laxat fera iura tyrannus,
ditia barbaricis et Moses agmina gazis
395 promovet, insigni sulco monstrante columna
per deserta viam. Quae formam in tempus utrumque
temperat, alterna ut tribuat vice commoda castris:
luce tegens et nocte regens, eadem ignis et umbra,
discutiens flammis tenebras et nube calores.

400 Quid loquar et trepidis patribus cum incumberet hostis,
divisum pelagus solidoque rigore ligatas
instar montis aquas vacuo cessisse profundo,
quaque gradum illaesae tulerant tot milia plebis,
oppressum Aegypti populum coëuntibus undis?
405 Omnis enim Auctori servit natura potenti,
quaeque ad opem cedunt, eadem famulantur ad iram.

Sed mihi nec vacuum cunctas percurrere formas
virtutum, et gestis oris non aequa facultas.
Nam quis tantarum evolvat miracula rerum:
410 mannae imbrem et cunctos in caeli pane sapores,
siccae rupis aquam, et dulcorem fontis amari,
aut inter deserta actos denos quater annos
nec membris nocuisse aevo, nec vestibus usu?

---

388 quam Regis vim *scripsi* : quae regni uis *M L B* // 403 illese *M*, illaesae *L* : illaesa *B*

were suffering these wrongs, and He proved that He cared for His own people.
For He ordered Moses, His chosen one, to declare Pharaoh
to allow the people of God to emigrate from Egypt.
Should Pharaoh not do so, his arrogance would be struck with many blows
to learn the full force of the provoked wrath of the real King.

Each time Pharaoh suffered the heavenly darts,
he would yield and pretend obedience; but once the calamity had been
removed,
he would become more hardened while God was sparing him: a wicked man
drawing the causes of his own destruction from the very source from which
he could have obtained safety.

At last the tyrant was defeated, and he relaxed his cruel laws.
Moses led forth his troops, enriched with Egyptian treasures,
while a column with a prominent trail showed them the way through the
desert.
The column was changing its form by day and night,
to provide the camp with a double benefit:
it covered it by day, and guided it at night, for it was both fire and shade,
dispelling the darkness with its flames, and the heat with its cloud.

Need I mention, when the enemy was pressing upon our alarmed forefathers,
that the sea was divided and that waters withdrew from their deep bed,
bound solid and firm like a mountain?
Thus where the masses of the Hebrew people had marched through unharmed,
the hosts of Egypt were overwhelmed by the closing waters.
For the entire nature serves its mighty Creator,
and whatever provides benefit may also serve as an agent of God's wrath.

However, I have not the time to recount all the examples of God's miracles,
nor does the power of my tongue match His deeds.
For who could adequately describe such great wonders as these:
the rein of manna and all the savors contained in the bread from heaven;
the water from the dry rock; the sweetness of the bitter fountain;
or the fact that the Hebrew people were led through the desert during forty
whole years,
but their limbs did not suffer from age, nor did their clothes from use.

385–388 *Exod.* 6:10–13; 6:28–30; 7:1–7 // 389–392 *Exod.* 8:8; 8:15; 10:24; 10:27 // 393–395 *Exod.* 12:13–51 // 395–399 columna : *Exod.* 13:21–22 // 400–404 *Exod.* 14:10–31 // 403 cf. *Sap.* 19:6 ut pueri tui custodirentur illaesi // 410 mannae imbrem : *Exod.* 16:4–15 / cunctos . . . sapores : *Sap.* 16:20 panem de caelo . . . , omne delectamentum in se habentem et omnis saporis suavitatem // 411 siccae rupis aquam : *Exod.* 17:1–7; *Num.* 20:2–13; *Sap.* 11:4 / dulcorem fontis amari : *Exod.* 15: 22–26; *Iudith* 5:15 Illic fontes amari obdulcati sunt eis ad bibendum // 412 sq. *Deut.* 8:4; 29:4

VI

Legis in exemplum iuvat ire et quaerere 'ab ipsis
415   qui curam Domini removent, an tempore ab illo
coeperit humanas in vitae foedera mentes
informare Deus, nec per tot saecula mundi
permotus vitiis, tunc ius perscripserit aequum.
Ite ipsi in vestrae penetralia mentis et intus
420   incisos apices ac scripta volumina cordis
inspicite et genitam vobiscum agnoscite legem.
Nam quis erit (modo non pecus agri aut belua ponti),
qui vitiis adeo stolide oblectetur apertis,
ut, quod agit, velit ipse pati? Mendacia fallax,
425   furta rapax, furiosum atrox, homicida cruentum
damnat, et in moechum gladios destringit adulter.

Unus enim Pater est cunctorum, et semine recti
nemo caret similisque omnes produxit origo.
Unde etenim nondum descripta lege fuerunt
430   qui placidum sanctis agerent in moribus aevum,
nec summi Patris ignari, nec iuris egeni?
Ergo omnes una in vita⟨m⟩ cum lege creati
venimus et fibris gerimus quae condita libris.

Nec nova cura fuit nostri, cum tradita Mosi
435   littera praesenti damnaret crimina poena:
sed superadiecta est generi custodia sancto,
qua memor in patriae fidei perstaret honore
et promissorum Domini succederet heres,
cum tamen et quoscumque eadem sub sacra liceret
440   ire, nec externos arcerent limina templi.
Cumque Dei monitu canerent ventura prophetae,
saepe etiam ad varias gentes sunt multa locuti.

---

418 perscripserit *L B* (*cf. v.* 420 *et v.* 429 descripta lege) : prescripserit *M* (*cf. v.* 437 *M*)
// 426 destringit *McHugh* : distringit *M L B* // 432 vitam *scripsi* : uita *M L B* // 437 perstaret
L B : prestaret *M* // 442 sunt *scripsi* : sint *M L B*

VI

I would like to take the example of the giving of Law, and to ask those
who deny the Lord's care for man: did God really begin only then
to shape human minds to the laws of life?
Remaining unmoved by crimes during so many generations of mankind,
did He write down His just law only then?
Come on, search the inner parts of your own minds, and deep inside yourselves
perceive the letters inscribed and the volumes written in your own hearts,
and recognize the law as being born along with yourselves!
For nobody is so stupid (unless it be the sheep of the field or a monster of the
sea)
as to take such a pleasure in obvious vices that he would wish for himself
to suffer the misdeeds he had done to others. That is why a deceiver condemns lies,
a plunderer thefts; a cruel man condemns an enraged one; a homicide, a
bloodthirsty man,
while an adulterer draws his sword against a fornicator!

Consequently, all men have one single Father, no one lacks
the seed of virtue, and the same origin has produced everyone.
Otherwise, how to explain the fact that, when the law was not yet written
down,
there were men leading a peaceful life in holy manners,
recognizing the Father of all and possessing the sense of justice.
Therefore, we all come to this life being created with one single law,
and we carry in our hearts what is contained in books.

It was not a new care for man when God gave Moses
the written tablets condemning offenses to a prompt punishment.
But rather God provided his holy people with an additional safeguard,
enabling it to remain steadfast in cherishing the faith of their forefathers
and, as heirs, to take possession of the promises of the Lord.
Although any other man was free to join the same religion,
and the doors of the temple were not closed to foreigners.
And while the prophets, instructed by God, were predicting future events,
they often had spoken many things also to different nations.

---

420 sq. *Rom.* 2:15 qui [*sc.* Gentes] ostendunt opus legis scriptum in cordibus suis // 434
sq. *Exod.* 31:18 // 436–438 *Exod.* 34:10–28 // 438 cf. *Gal.* 3:29 secundum promissionem
heredes

Sic regina Austri cupidis, Salomonis ab ore,
auribus eloquium Domini venerata trahebat.
445   Sic Ninive monitis Ionae sub tempore cladis
credidit et tribus in luctu ieiuna diebus
promeruit morum excidio consistere regno.

Verum ne longo sermone moremur in istis,
quae sparsim varieque suis sunt edita saeclis,
450   neve quod in parte est, in toto quis neget esse,
dum solidam Domini divisa negotia curam
velant et nulla accipitur quae rara videtur:
dicite, quem populum, qua mundi in parte remotum,
quosve homines, cuius generis vel conditionis
455   neglexit salvare Deus? Vir, femina, servus,
liber, Iudaeus, Graecus, Scytha barbarus: omnes
in Christo sumus unum. Non persona potentis,
nec domini, regisve prior: distantia nulla
Luminis unius, speculi nisi discrepet usus.
460   Namque velut speculum mens est: quae quo mage tersa est
expoliente fide radiisque intenta supernis,
hoc mage confessi resplendet imagine Christi.

Qui cum Patre Deo semper Deus, inque paterna
maiestate manens miscetur conditioni
465   humanae: et Verbum caro fit, rerumque Creator
nascitur atque annis succedit Conditor aevi.
Hoc etenim Lex, hoc veneranda volumina vatum,
hoc patriarcharum spes non incerta tenebat:
ultima cum mundi finem prope curreret aetas,
470   venturum ad terrena Deum, qui morte perempta
solveret inferni leges longamque ruinam
humani generis meliore attolleret ortu.

VII

Sed tu, qui geminam naturam hominisque Deique
convenisse vides angusti in tramitis ora,

448—457 unum *et* 467—472 *citat H* // 473 Contra Euticem (Eutychem *B*) *addunt H et in*
mg. L B

Thus the Queen of the South with eager ears and with reverence
received the word of the Lord coming from the lips of Solomon.
Thus Niniveh believed the warnings of Jonah in the time of calamity,
and after fasting and mourning for three days,
it merited to preserve its reign by putting an end to its evil ways.

But lest we waste words and time on the particular events,
taking place on various occasions throughout the history,
and lest somebody object: "What is in the part need not be in the whole,"
for the entirety of the Lord's care is concealed by His separate actions,
and a care seldom seen is deemed by men to be nonexistent:
tell me, what people, in what distant part of the world,
or what man of any race or condition
did God ever neglect to save? Man, woman, slave,
freeman, Jew, Greek, or the barbarian Scyth:
we are all one in Christ. The person of a potentate,
of a master or a king has no preference: there is no difference
in the same Light, unless the reflecting mirror is being differently used.
For the human mind is like a mirror: the more it has been rubbed
with the polishing faith, the more it has been turned toward the heavenly rays,
the more brightly it will shine with the image of the manifest Christ.

He, with God the Father, is always God, and while remaining
in the majesty of His Father, He takes part
in the human condition: and the Word becomes flesh, and the Creator of the
                                                                       world
undergoes birth, and the Author of eternity submits to the course of years.
This truth was held by the Law (Torah), by the revered scripts of the prophets,
and by the certain hope of the patriarchs:
when the last age of the world had almost reached its end,
God will come to earth—to abolish the laws of hell
by destroying the death, and to raise the human race
from its long lasting downfall through a better beginning.

VII

But you who recognize that the two natures, the divine and the human,
have converged in a narrow strip,

443–444 3 *Reg.* 10:1–10 // 445–447 Ionas 3:1–10 // 455–457 *Gal.* 3:28; *Col.* 3:11 // 457–459 cf. *Lev.* 19:15; *Deut.* 1:17 // 465 Io. 1:14 et Verbum caro factum est // 470 sq. *Rom.* 7:6 Nunc autem soluti sumus a lege mortis, in qua detinebamur

475   firma tene cautus vestigia, ne trepidantem
        alterutram in partem propellat devius error:
        si cernens operum miracula divinorum
        suscipias sine carne Deum, cumve omnia nostri
        corporis agnoscas, hominem sine Numine credas.

480   Nulla etenim soli vita est mihi morsque subactum
        detinet et non est quo victus vincere possim,
        si non vera Dei Virtus mihi consociata est,
        aut me non vera Salvator carne recepit.
        Cuius maiestas stabilis non hoc violatur,
485   quo redimor, neque se minor est, dum mutor in Illum:
        sed mortale meum subit, ut quia morte teneri
        vita nequit, pereat mihi mors et non ego iam in me
        vivam, sed Christus, qui se mihi miscuit in se.

        Victus enim terrenus Adam transfudit in omnes
490   mortem homines, quoniam cuncti nascuntur ab illo
        et transgressoris decurrit causa parentis.
        Sed novus e caelis per sacrae Virginis alvum
        natus homo est aliudque bonus mortalibus in se
        fecit principium, carnemque refusus in omnem,
495   et vita functos, naturam participando,
        edidit, et vivos, vitam mutando, creavit.
        Utque illos veterum complexa est gratia solos,
        qui Christum videre fide, sic tempore nostro
        non renovat quemquam Christus, nisi corde receptus.

500   En, homo, quanta tibi est gratis collata potestas:
        filius esse Dei, si vis, potes. Omnipotens te
        Spiritus umbratum Verbi virtute creavit.
        Nec te corporeo patrum de semine natum
        iam reputes: pereant captiva exordia carnis.
505   Nil veteris coniunge novo. Non hic tibi mundus,
        non haec vita data est. Nulla hic tua, nec tuus ipse es:

---

478 suscipias *M L* : suscipias *B* (*cf. appar. ad Pr. Ep.* 91.6) // 485 in illum *Valentin* (*cf. v.* 207) : in illo *M L B* // 497—501 potes *citat H* // 506 tuus *M B* : cuius *L*

be cautious and keep your steps firm; for if you waver,
the devious heresy may push you to the one side of the roadway or the other.
That is, if seeing the miracles of the divine deeds of Christ,
you assume that He is God without human flesh; or if you recognize in Him
all the elements of our own body, you take Him for a man without divinity.

Indeed, if left alone, I have no chance of living, and death holds me as a
                                                                    slave
under its sway. Once I have been overcome, there is no way for me to be
                                                        able to overcome,
unless the true Power of God is joined to me,
or the Savior receives me in His real human flesh.
His immutable majesty suffers no harm from the act of my redemption,
nor is His greatness diminished by the fact that I change into Him.
Since life cannot be held captive by death, He submits to my mortality,
so that death may perish for me, and that no longer I live in myself,
but rather Christ, who has united Himself with me in Himself.

For when the earthly Adam was overcome, he transmitted death
to all men, since we all are descended from him
and the guilt of the sinful first parent passes down to us all.
But a new Man from heaven was born through the womb
of the holy Virgin, and being sinless, He made a new beginning
for mortal men in Himself. While taking on every aspect of human flesh,
He both brought the dead to life by partaking in their nature,
and recreated the living by exchanging His life for death.
And just as, in old times, grace extended only to those
who had seen Christ through their faith, so in our times
Christ renews no man unless he has been received in His heart.

Man, look now what a great power has been freely bestowed upon you!
You can be a son of God if you wish. For the omnipotent Spirit
has recreated you as you were overshadowed by the power of the Word.
You should no longer consider yourself as being born of the bodily seed
of your fathers! Let the captive origins of your flesh perish!
Join nothing of the old to the new! Neither this world nor this life
have been given to you. Nothing here is yours, nor do you belong to yourself.

---

487 sq. *Gal.* 2:20 Vivo autem iam non ego: vivit vero in me Christus; Io. 17:23 Ego in eis, et tu in me: ut sint consummati in unum // 489–491 *Rom.* 5:12–14 // 499 cf. *Ephes.* 3:17 // 502 cf. Lc 1:35 // 506 sq. 1 *Cor.* 6:19–20 An nescitis quoniam . . . non estis vestri? Empti enim estis pretio magno; 7:23 pretio empti estis

emptus enim es pretiumque tui resolvere fas est,
qua potes, ut solvens sis ditior et tibi crescant
quae dederis cedatque tibi pars ipse Redemptor.

510 Nec te difficilis nunc observantia legis
sub durum iubet ire iugum: mens libera sanctum
obsequium ratione ferat, quam Spiritus almus
in tabulis cordis describat sanguine Christi.
Qui nobis quicquid sermonibus insinuavit,
515 condidit exemplo, factis praecepta coaequans.
Rex Ille et rerum Dominus, sed pauperis egit
in specie, nec veste nitens, nec honore superbus.
Infirmis fortis, rex servis, dives egenis:
iustitia iniustis cedit, sapientia brutis.
520 Sacrilegis manibus percussus, non parat ictum
reddere, nulla refert avidae convicia linguae.
Damnatur Iudex, Verbum tacet, inspuitur Lux.
Ipse ministerium Sibi poenae est: felque et acetum
dulcius Ille favis haurit. Sanctus maledictum
525 fit crucis, et moritur Christus vivente Barabba.

Impia gens, tantum ausa nefas, sentisne furorem
iam mundo damnante tuum? Sol fugit ab orbe
et medio nox facta die est, concussaque tellus
intremuit, mortemque Deo subeunte sepulcris
530 excita sanctorum sumpserunt corpora vitam.
Velum etiam templi discissum est, ne quid opertum
in sacris adytis iam plebs indigna teneret
sanctaque pontifices fugerent offensa cruenti.

508 quo *in textu, sed* qua *in mg. M L B //* 520 ictum *hic desinit M* (*finis f.* 167ᵛ) // 533 cruenti
Valentin : cruentos *L B*

For you have been bought, and you ought to pay the price of yourself,
insofar as you can, so that by paying it you may become richer; so that what
you have given
may bring you gain, and the Redeemer Himself may become your portion!

This is not to ask you to obey a harsh law
submitting you to a cruel yoke. But rather let the free mind of man
exercise its holy obedience in accordance with the rule which the Holy Spirit
writes down on the tablets in the human heart with the blood of Christ.
For whatever Christ instructed us in His words,
He established it by His example, matching His teaching to His deeds.
Although the King and the Master of the world, He lived the life of a poor
man,
neither as a man proud of his high office, nor as one clad in a shining raiment.
He was a strong man for the weak, a king for the servants, a rich man for
the poor.
Justice yielded to unjust men, Wisdom to stupid ones.
When struck by sacrilegious hands, He refrained from returning the blow,
nor did He answer the abuse coming from an unrestrained tongue.
The Judge was condemned, the Word remained silent, the Light was spat
upon.
He was Himself the instrument of His own punishment: He drank gall and
vinager
as if they were sweeter than honey. He, a holy person, became an accursed
man
condemned to the cross, and Christ died while Barabbas lived.

Unholy race, daring such a great sin, did you feel your madness
when the whole universe was condemning it? Why, the sun fled from its orbit,
and the midday turned into night. The earth shook and quaked,
and when God submitted to death, the bodies of the saints
were brought out of their tombs and came to life.
Even the curtain of the temple was torn asunder,
so that an unworthy people may no longer keep anything secret in their holy
shrine,
and that the high priests, guilty of blood, may escape the ire of an offended
sanctuary.

---

513 2 *Cor.* 3:3 non in tabulis lapideis, sed in tabulis cordis carnalibus; *Prov.* 3:3 describe
in tabulis cordis tui // 516 sed pauperis egit *et* 518 dives egenis : *cf.* 2 *Cor.* 8:9 quoniam
propter vos egenus factus est, cum esset dives, ut illius inopia vos divites essetis // 522 inspuitur : Lc. 18:32 // 523 sq. Mt. 27:34; Lc. 23:26 // 524 sq. maledictum / fit crucis :
cf. *Gal.* 3:13; *Deut.* 21:23 // 527 sq. Mt. 27:45 // 528–531 Mt. 27:51–53

Te vero extinctae calcantem spicula mortis
535 et de carne novum referentem carne tropaeum
tertia discipulis, Iesu, dedit attonitis lux.
Nec dubiis Dominum licuit cognoscere signis,
cum documenta fides caperet visuque manuque
rimans clavorum vestigia, vulnus et hastae:
540 cumque quater denis, firmans promissa, diebus
conspicuus multis, saepe et tractabilis esses.

Hactenus in nostris Te, Iesu, novimus, exhinc
in Tua nostra abeunt: nec iam diversa, sed unum
sunt duo, dum vita in Vita est, in Lumine lumen,
545 augmento, non fine, hominis. Quo glorificato
sic homo, sic Deus es, ut non sis alter et alter.
Nosque ad Te ire iubes sursum Tecumque potiri
luce Tua, si calle tamen curramus eodem,
edocti non posse capi nisi de cruce caelum.

VIII

550 Iamne Dei compertus amor diffusaque in omnes
cura patet, notum et cunctis astare salutem?
Et tamen heu rursus querulis, homo, garrula verbis
bella moves iaculisque tuis tua viscera figis.
"Cur non sum bonus?" Hoc non vis. "Cur sum malus?" Hoc vis.
555 "Cur volo quae mala sunt, et cur quae sunt bona nolo?"
Liber es, et cum recta queas discernere pravis,
deteriora legis placitisque improvidus haeres.
"Erro, ais, et vellem non posse errare." Duobus
subiacet haec votis sententia: nam penitus te
560 aut esse exanimum cupis, aut rationis egenum.

---

541 esses *scripsi* : esset *L B* // 546 Contra Nestorium *addit in mg. L, etiam H (ad v.* 550) *et B (ad v.* 543) //* 550—557 deteriora legis *citat H //* 552 rursum *H //* 556 liber es, et *H* : libere sed *L* : liber es: sed *B*

Meanwhile you, Jesus, have destroyed the stings of death and trampled upon
them,
winning a new victory over the flesh through your flesh,
and on the third day you appeared to your astonished disciples.
They could recognize their Master by doubtless signs,
since both their eyes and hands had provided the proofs for the confidence
while probing the prints of the nails and the wound of the lance.
They could do so since you, faithful to your promise, during forty days
remained often accessible to the eyes and even to the hands of many.

Thus far, Jesus, we have known you as one of ours;
henceforth, all what is ours becomes yours; so that the two are no longer
separate
but one, for life is in Life, and light in Light—
as a growth, not as an end, of man. By glorifying the man
you are both Man and God, not only one of them.
And you enjoin on us to ascend to you and to obtain your light
in your company, provided that we have followed your path,
instructed that heaven can be gained through the cross alone.

VIII

Is not God's love for man ascertained by now? Is not His care, extending to
every man,
already manifest? And is it not clear that salvation is at hand for everyone?
And yet, alas, man, you stir up idle quarrels again
with your loud complaints, piercing your own bowels with your darts.
"Why am I not good?" Because you do not want to be. "Why am I evil?"
Because you want to be.
"Why do I want what is evil, and what is good I do not want?"
Because you are free to choose, and although being able to distinguish
between the right and the wrong,
you choose the worse and you shortsightedly cling to what pleases you.
"I sin," you say, "and I wish I were not able to sin."
This proposition depends on one of the two desires for you:
either you wish to be utterly lifeless, or completely devoid of reason.

---

534 spicula mortis : cf. 1 *Cor.* 15:55 Ubi est mors stimulus tuus?; Osee 13:14 // 536–539
Lc. 24:36–40; Io. 20:19–29 // 539 vulnus et hastae : Io. 19:34 // 540 sq. Mc. 16:14–18;
Mt. 28:16–20; Io. 21:1–14 // 540 quater denis . . . diebus : *Acta* 1:3 // 543 sq. cf. *Ephes.*
2:14–16 // 551 cunctis astare salutem : cf. 1 *Tim.* 2:4

Error enim est eius, qui cessit limite recti
quique potest ad iter, Christo ducente, reverti.
At quem nulla viae suscepit linea, nusquam
declinat nullumque timent non stantia casum.

565 Numquid cura Deo de bobus? Numquid ad ullas
fit verbum Domini volucres? Num lege tenentur
monstra maris? Quae cum faciunt iussa Omnipotentis,
ignorant sese facere affectumque volendi
sumunt et quod agunt aliis, sibi cedere credunt.
570 Sic etiam quae non spirant sunt semper in illo,
in quo sunt formata modo: non plana tumescunt
collibus, aut celsi sternuntur in aequora montes:
non veniunt Alpes in pontum, aut pontus in agros:
saxa iacent, amnes decurrunt, stantque paludes.
575 Et tamen his nihil est mercedis: quae sine sensu
dispositos in se praebent viventibus usus.
Quod si horum praestare tibi natura videtur,
iam bove mutari velles, vel rupe, vel amne.

"Deterior nollem fieri, melior voluissem."
580 Numquid qui Domino placuerunt moribus almis
displicuere sibi? Numquid non semine ab uno
venimus, aut alia est hominum natura bonorum?
Non aliter dives quam pauper nascitur: unum est
principium servis et regibus. Optimus ille
585 non plus accepit, quam pessimus: aequa Creantis
mensura est, uno qui lumine luminat omnes.

Sed mundum ingressi variis rerum speciebus
suscipimur mentemque adeunt quaecumque videntur
iudicio censenda hominis: stant undique formae
590 innumerae possuntque omnes spectando probari.
Quaedam etiam patulas intrant stipata per aures:

---

579 melior *scripsi* (*cf. v.* 554) : potior *L B*

For a fault can be committed only by someone who has departed from the
straight path of righteousness,
and who is able to return to the right road with Christ as his guide.
But a creature endowed with no straight course to follow cannot go astray in
any direction,
nor is there any fear of a fall for the beings unable to stand upright.

Does the God's care extend to cattle? Is the word of the Lord
intended for any kind of birds? Are the monsters of the sea bound by any law?
No, but rather they all, while fulfilling the orders of the Omnipotent,
are not aware of the fact that they are only fulfilling them, and by assuming
a mood of free will
they imagine that they are doing for their own benefit what in fact they are
doing for the benefit of others.
So also inanimate objects always remain in the same way
in which they have been created: plains do not swell up to hills,
nor do high mountains spread out into plane surfaces.
The Alps do not invade the sea, nor does the sea the fields;
rocks lie flat, rivers flow down, and marshes stand still.
And yet these objects receive no reward for doing so, but rather, being
devoid of senses,
they provide the living creatures with the benefits invested in them.
Therefore, if you feel that their nature is superior to your own,
you may well wish to turn into an ox, or a rock, or a river.

"I would not wish to become worse: to become better, I would."
Now, men who through their right conduct became pleasing to the Lord,
did they ever become displeased with themselves? Do not we all come
from the same seed, or do good men possess a different nature?
A rich man is not being born differently than a poor one;
servants and kings alike have one origin. The best man
has not received more than the worst one: equal is the measure
of the Creator, who illuminates all men with one light.

But when we enter this world, we are being met by all kinds of objects,
and our mind is invaded by whatever is expected
to undergo the scrutiny of the man's judgment. Countless figures of things
stand all around us, and they all can be tested by our sense of sight.
In addition, some things enter our minds in dense throngs through the wide
open ears:

---

561 cf. 2 *Petri* 2:15 derelinquentes rectam viam erraverunt; *Ep. Iacobi* 5:20 qui converti
fecerit peccatorem ab errore viae suae ... // 565 cf. 1 *Cor.* 9:9 // 585 sq. aequa ... / mensura : cf. *Lev.* 7:10 // 586 Mt. 5:45 qui solem suum oriri facit super bonos et malos

errores veterum studiorum et vana parentum
dogmata cum quodam fuco ostentantia veri.
Haec modulata sono veniunt, haec levia tactu,
595   haec blandis late funduntur odoribus, illa
conciliant varias in mille saporibus escas.
Magno ergo haec homini sunt discernenda periclo,
ne nimium trepidus nullum procedat in aequor,
neu vagus effusis sine lege feratur habenis.

600   Est etenim sanctus rerum usus, quem cohibentes
intra modum numeri et momentum ponderis aequi,
pro cunctis soli Domino reddamus honorem.
Omnia quae fecit, bona valde, ut non vitiorum
incentiva, sed ut superas caperemus in illis,
605   hic decertato virtutis agone, coronas.

An tibi caelestes illi, quos protulit orbis
fertque, viri non haec eadem tolerasse videntur,
quae patimur: motus animi affectusque rebelles
et circumiectis vitia oppugnantia castris?
610   Sed gladio verbi fideique umbone potenti
vincebant arcus tenebrarum et spicula mortis.
Cumque opus hoc mundi magnum pulchrumque viderent,
non mare, non caelum, non ignem, aut sidera caeli,
quae numero subiecta sibi visuque tenebant,
615   suspexere deos: unum, ratione magistra,
Auctorem et Dominum rerum, non facta, colentes.

At tu, nobilius qui factum te voluisses,
numquid in angelico satus ordine non querereris?
Nam cum ille excelso deiectus Lucifer axe
620   conciderit rueritque illo pars tertia pulso
astrorum, quaero, in quanam tunc parte fuisses?
Clara Dei semper bonitatis imago maneres,
an castra invidiae sequereris et agmina noctis?

---

602 reddamus *scripsi* : reddemus *L B*

such as the errors contained in ancient studies and the false teachings
of our ancestors, which sound persuasive thanks to a certain pretense to truth.
Some things come to us in the form of a melodious sound, some as being
                                        smooth to our touch;
some things are being profusely inhaled by us thanks to their enticing
                                          fragrances,
while others can produce dishes with a thousand different tastes.
Therefore, man has to make distinction among all these great perils;
for if he is too timid, he may never venture on the open sea,
and again if he slackens the reins of his conduct, he may well aimlessly
                              wander about without any law.

Consequently, there is a sacred way to use things;
we should keep it within the bounds of a right amount and a just weight,
and for all we have received we should render honor to the Lord alone.
All things that He had created are exceedingly good, so that they may not
serve for us as incentives to vice, but rather as means to win
the heavenly crown, once we have fought out the contest here on earth.

Do you think that the saints whom the world had produced
and still does have not endured these same evils
which we all suffer: the impulses of the soul, the rebellious passions,
and the attacks of the vices encamped all around us?
But with the sword of the word and the strong shield of faith
they were able to overcome the bows of darkness and the arrows of death.
And when they saw the world, this magnificent and beautiful workmanship,
they did not honor as gods the sea, the sky, the fire, or the stars of the sky,
which they were holding under control through observation and calculation,
but rather, relying on the reason as their teacher, they worshipped
the one Creator and Lord of the universe, and not His works.

Now, you who wish you were created as a nobler creature,
would you not complain had you been born in the rank of angels?
For when the ill-fated Lucifer was hurled down from the lofty heaven,
and fell down to earth, and with his banishment a third part of the stars fell
                                      down along,
tell me, on which side you would have been then?
Would you have remained a clear image of God's goodness forever,
or would you have joined the army of hatred and the cohorts of night instead?

---

603 bona valde : *Gen.* 1:31; 1 *Tim.* 4:4 // 604 sq. 2 *Tim.* 4:7–8; 1 *Cor.* 9:25 *et alibi* // 610
cf. *Ephes.* 6:16–17 // 612–615 cf. *Deut.* 4:19; 17:3 *et alibi* // 616 *Rom.* 1:25 // 619–621
Is. 14:12; 14:15; *Apoc.* 12:3–9; *Lc.* 10:18

IX

Sed quo te praeceps rapit orbita? Vis bonus esse
625   absque labore tuo credis⟨que⟩ hoc cedere posse,
si tibi mutentur natalia sidera, quorum
te pravum decursus agat. Quid vana vetusti
perfugia erroris Chaldaeis quaeris in astris?
Quamvis sollicitis adeas caelestia curis
630   et penitus causas rerum scruteris opertas,
non renues mage nosse Deum, quam cuique elemento
naturam dederit, qua pontum lege moveri
iusserit, aut teneris quam vim conseverit auris,
sidereosque ignes in quae momenta crearit.

635   Qui cum sincerus sit fons aequique bonique,
immitem iussis legem praescripsit iniquis,
si prius ipse hominum mores constrinxerat astris.
Namque adversa sibi sunt haec nimiumque repugnant:
exigere insontes actus delictaque poenis
640   afficere et cunctos eadem ad promissa vocare,
contra autem natis violentum affigere sidus,
quod nec velle homini cedat, nec posse, sed omnes
desuper ignaros et virtus ducat et error.

Ergo aut aethereis nullum est ius ignibus in nos,
645   aut si quid nostri retinent, amittere possunt,
cum nihi progenito ad vitam mandata salutis
et cordi insinuet bonus Auctor et auribus, ac me
currentem mercede vocet, terrore morantem.
"Solum, inquit, venerare Deum solique memento
650   servire, externas et despice relligiones.
Hoc operis sectare boni, hoc fuge cautus iniqui:
vita beata isto paritur, mors editur illo.
Coram adsunt aqua servatrix, populator et ignis:
ad quod vis extende manum, patet aequa facultas."
655   Quod Legis monitus et vatum scripta piorum
et Deus ipse suo nequicquam promeret ore,

---

625 credis⟨que⟩ *scripsi* : credis *L B //* 627 agat *scripsi* : agit *L B / Contra* μάθεσιν (*sic*) *in mg. L* : contra Mathematicos *H* (*ad v.* 651) : Contra eos qui peccata sua sideribus imputant *B* (*ad v.* 624) // 630 opertas *Valentin* : apertas *L B //* 631 renues *scripsi* : renuis *L B //* 651—654 *et* 659—663 ire via *citat H*

IX

But where does your headlong course carry you? You want to be good
without any effort of your own, and you believe that this could happen
if your birth-stars were changed whenever their course
makes you wicked. Why do you search for a useless shelter
against an old crime in the Chaldaean astrology?
For no matter how often you approach the celestial phenomena with solici-
tous cares,
no matter how deeply you explore the hidden causes of the universe,
you cannot deny that God possesses a greater knowledge of the nature
He has given to each element, of the law He has imposed upon the sea
to move, of the force He has implanted in the gentle breezes,
and of the influence of the heavenly luminaries He has created.

He, who is the pure source of justice and goodness,
would have prescribed a cruel law by an unjust command,
had He Himself previously bound the conduct of men to the stars.
For it would be inconsistent and utterly contradictory,
on the one hand, to demand guiltless actions from men, to apply punishment
to their offenses, and to summon all men to the same promises,
and, on the other hand, to attach a fierce star to everybody's birth,
a star allowing to man neither free will nor power, but rather
guiding the ignorant mankind from above, being itself both virtue and sin.

Therefore, either the heavenly luminaries have no right over us,
or, if they retain anything of ours, they can lose it.
For since I have been brought fort into life the good Creator
keeps instructing my ears and my heart with the commandments of salvation
and keeps summoning me—with a reward when I hasten, with fear when I
delay.
"Worship God alone," He says, "and remember to serve Him only,
and scorn the foreign religions.
Pursue the just work, be cautious to shun the unjust one:
the former gives rise to a blessed life, the latter produces death.
The saving water and the destroying fire stand before you:
stretch out your hand and take whichever you want: you have an equal
choice!"
Now, such words would have been expressed in vain by the commandments
of the Law,
by the scripts of the holy prophets, and by the lips of God Himself,

---

640 2 *Petri* 1:3–4 // 649 sq. *Deut.* 6:13–14; Lc. 4:8 // 651 cf. 1 *Tim.* 6:11

arbitrium nostrum si vis externa teneret.

Verum si quid obest virtuti animosque retardat,
non superi pariunt ignes, nec ab aethere manat,
660   sed nostris oritur de cordibus: ipsaque bellum
libertas movet et quatimur civilibus armis,
otia cum mollis complexa ignava voluptas
difficili negat ire via bravioque potitos
ardua quaeque piget pro spe tentare latenti.
665   Cumque haec intus agi prospexit callidus Hostis,
de studiis nostris vires capit, utque Parentis
avertat veri cultum, persuadet ab astris
fata seri frustraque homines contendere divis:
hinc vario vitae dominos mercantur honore.

670   Error abi, procul error abi! Satis agnita prisci
sunt commenta doli, monitos quibus Omnipotens nos
elaqueat cultusque docet vitare profanos.
Scimus enim quanta steterit mercede quibusdam
sidus adoratum Rempham venerataque caeli
675   militia et cultus soli lunaeque dicatus.
Nec latet haec verbis hominis subsistere iussa
ad vocem servisse mora noctisque repulsae
temporibus crevisse diem, cum lux famulata
nesciret nisi quem faceret victoria finem.
680   Novimus et caelo praescriptas conditiones
arbitrio quondam sancti mansisse prophetae,
cum positum ad tempus clausos sitientibus agris
non licuit rorare polos: ipsumque, vocata
partibus e superis in sancta altaria flamma,
685   quem dederat sacris ignem, immisisse profanis.
Cuius vis etiam Christi delapsa fuisset

---

666 nostris *scripsi* (*cf. vv.* 660; 671) : uestris *L B*

if the man's free will were held captive by an external force.

As a matter of fact, if something hinders our virtue and impedes our souls,
it is not caused by the celestial bodies, nor does it emanate from heaven,
but rather arises out of our own hearts. It is our own freedom
that causes the struggle, and we become stricken with a civil war
whenever the soft pleasure embraces an idle ease,
and refuses to follow a difficult path; whenever the winners of the earthly
                                                                           prizes
start hating to climb an arduous road for the sake of a hidden hope.
Now, when the crafty Enemy has perceived this internal strife in ourselves,
he becomes encouraged by our own desires, and in order to remove from us
the worship of our true Father, he persuades us that our destiny depends on
                                                             the stars alone
and that it is in vain for men to fight against the gods of the stars.
The result is that men seek to buy these "lords of life" by rendering them
                                                          various honors.

Error, go away! Error, depart far away from us! The artifices of your old
                                                                       fraud
are well known to us. The Omnipotent has warned us about them,
and He extricates us from them while teaching us to shun unholy worships.
For we all know how costly was the price
paid by those who adored the star Rempham, who revered
the host of heaven and worshipped the sun and the moon.
Nor have we forgotten how the sun and the moon were ordered to stand still
                                                       by the words of a man,
and how they obeyed his voice by their stay: the night was held back,
the day grew longer by the hours taken from the night, and the light
kept serving until the victory on the battlefield has been achieved.
We have learned too that the functions assigned to the sky
were once held in abeyance at the will of a holy prophet,
when the heavens were closed for a certain time
and were not allowed to send rain upon the thirsting fields.
We have learned that the same prophet called flames from heavens unto the
                                                                  holy altar,
and cast upon the unholy the fire he had prepared for the holy sacrifice.
And his power would have passed down to Christ's disciples as well,

---

663 bravioque potitos : cf. 1 *Cor.* 9:24; *Phil.* 3:14 // 665 callidus Hostis : cf. *Gen.* 3:1 Sed
et serpens erat callidior cunctis animantibus terrae, quae fecerat Dominus Deus // 674
Rempham : *Acta* 7:43 // 674 sq. *Deut.* 17:4; 4 *Reg.* 23:5; Ier. 19:13; *Acta* 7:42 // 676–679
Iosue 10:12–14 // 680–683 3 *Reg.* 17:1 // 684 sq. 3 *Reg.* 18:37–38 // 685 ignem, immisisse
profanis : 4 *Reg.* 1:10–12 // 686–688 Lc. 9:52–56 Domine, vis dicimus ut ignis descendat
de caelo et consumat illos?

discipulis, poenam hospitii exactura negati,
ni patiens Dominus venia praeverteret iram.

Nullum ergo in nos est permissum ius elementis:
690   in quae ⟨est⟩ ius hominis, nec possunt condere legem
quae legem accipiunt. Solus Deus omnipotens Rex:
omnia qui nostrae dispensat tempora vitae,
nec servire astris vult quos super astra locavit.
Nam quoscumque sacro renovavit Spiritus amne,
695   in Christo genitos, mortali ex stirpe recisos,
iam sedes caelestis habet, nec terrea nectit
progenies templum in Domini corpusque redactos.

Quod si quis cursu astrorum effectuque notato
contendit naturam hominis vitamque videri,
700   quaero, quid hac trepidis mortalibus afferat arte?
"Hic, inquit, felix, miser hic erit: hunc rapiet mors
impubem, hic senio transcendet Nestoris annos."
Falsum hoc aut verum est? Si stant praedicta canentis,
nec misero superest spes, nec formido beato.
705   Et quae sideribus danda est reverentia fixis,
si quae ferre queunt, nequeunt decreta movere?
Dent sese scelerum potius torrentibus omnes:
fallant, diripiant, iugulent, fas omne nefasque
confundant: persistet enim nihilominus astrum.
710   Cuius ab effectu firmato cardine rerum,
ut mala non poterunt sancta probitate repelli,
sic bona non fugient perversos debita mores.
At si praedictae sortis mutabilis ordo est
et declinari possunt ventura, soluta est
715   omnis ab ancipiti casu vis pendula fati.

Scrutatis igitur stellarum motibus, hoc est
artis opus: totam subvertere relligionem,
dum nullum curare Deum mortalia suadet,
aut dum posse docet votis elementa moveri,
720   innumeram miseris plebem insinuare deorum.

---

689 est permissum *B* : permissum est *L* // 690 est *addidi*

to inflict punishment on those who denied them hospitality,
had not the Lord in His patience preferred forgiveness to wrath.

Consequently, the elements have been granted no power over us:
man possesses power over them instead, and whatever receives the law
cannot make the law. God alone is the omnipotent King;
He controls the entire span of our life,
He has placed us above the stars, and He does not want us to be slaves of
the stars.
For whoever has been renewed by the Spirit in the holy river,
being born in Christ and cut off from the mortal stock,
he is already in the heavenly abode, and the earthly descent
can no longer bind those who have been brought into the temple and the
body of the Lord.

Therefore, if anyone contends that the nature and life of a man
can be known by observing the course and force of the stars,
I ask him: What benefit do you bring to the anxious mortals through your art?
"This man will be fortunate," says he, "that one unfortunate."
"Death will take away this man in his early age, while that one will surpass
Nestor by his longevity."
Is this false or true? If the predictions of this seer stand,
no hope remains for the unfortunate one, and no fear for the fortunate one.
And what reverence should be paid to the immutable stars
if they have the power to bring a decree but are unable to change it?
So let all men give themselves over to torrents of crimes!
Let them cheat, plunder, murder; let them wipe out
every limit between the right and wrong! Still, their star will remain the same.
For once the course of human life has been determined by the force of a star,
no holiness of probity will be able to avert evils from man,
just as no moral corruption will remain without its expected rewards.
But if the course of a predicted destiny is subject to change
and future events can be turned aside,
then the entire force of fate, hanging on an uncertain chance, will be broken.

In conclusion, after examining the movements of the stars,
the Chaldaean art has one task only: either to destroy the whole religion
by alleging that no God shows care for human affairs,
or else to smuggle a countless host of gods into the minds of wretched men
by teaching that the elements can be moved by our prayers.

---

694 *Tit.* 3:5 salvos nos fecit per lavacrum regenerationis et renovationis Spiritus sancti,
quem effudit in nos abunde per Iesum Christum Salvatorem nostrum // 695 cf. *Rom.* 11:24
// 697 cf. *Ephes.* 1:22–23 et alibi

X

Sed quia, detectis laqueis iam fraudis opertae,
quo captos vanis studiis deduceret error
compertum, superest nunc respondere querelis,
quae mundi rebus divinam absistere curam
725 objiciunt, dum saepe bonos labor anxius urget,
et tranquilla fluit cunctorum vita malorum.

Dic age, qui nullis Domini moderantis habenis
humanas res ire putas, quid ab ordine cessat
naturae? Quae bella movent elementa? Quid usquam
730 dissidet a prisco divisum foedere rerum?
Sic interiecta solis revocatur in ortum
nocte dies, idem est lunae astrorumque recursus
et relegunt notas subeuntia tempora metas.
Non aliter venti spirant, ita nubibus imber.
735 Leta negant servantque genus trudentia flores
scmina quacquc suum. Ncc abest ab origine rerum
ordo manens: isdem subsistunt omnia causis.
Quae nisi perpetui solers prudentia Regis
astrueret molemque omnem spirando foveret,
740 conciderent subita in nihilum redigenda ruina.

Et cum haec pervigili cura Omnipotentis agantur,
quae certum ad finem devexo limite vergunt,
quis neget in nostram gentem specialius aequum
partiri sua iura Deum? Cui perpetis aevi
745 spem tribuit, propriae largitus imaginis instar.

At qui nec poenam iniustis, nec praemia sanctis
restitui ad praesens quereris, vellesne per omnes
ultricem culpas descendere Iudicis iram?
At quo magnanimi clemens patientia Regis
750 distaret saeva immitis feritate tyranni?
Aut quae pars hominum peccati nescia mundum

---

721 Contra Epicureos *in mg.* L, *etiam B et H* (*ad v.* 777) // 726 cunctorum B : laborum L
(*cf. v.* 725) // 735 leta *scripsi* : laeta L B // 749 at *scripsi* : et L B // 751 aut L : an B

X

By exposing the snares of this hidden fraud,
we have shown where the error leads men captured by false learning.
Let us now respond to the complaints claiming
that the divine care is far distant from the affairs of mankind,
since too often the good are beset by distressing hardships,
while the life of any wicked man flows free of worries.

Now, you who think that human affairs take place without any control
coming from a governing Lord, tell me, is there anything that departs
from the established order in the nature? Do the elements cause any conflict?
Is there anything anywhere at variance with the original law of the universe
to turn aside from it?
No, but instead day returns at the sunrise after every night,
the recurrence of the moon and the stars never fails,
and the succeeding seasons retrace their usual course.
The blowing of the winds, the rain from the clouds follow the same law.
Seeds refuse to die and preserve each one its own kind
by sending forth flowers. A constant order is present
since the beginning of the universe; all things subsist through the same causes.
Now, unless the sagacious prudence of the eternal King maintained all things,
unless it sustained the entire world mass with His breath,
all things would collapse, being reduced to nothingness through a sudden
destruction.

And since all the events that approach a definite end, once they have accomplished their course,
come to pass under the watchful care of the Omnipotent,
who can deny that the just God had imparted to the human race
His own rights by preference? For He has granted us
the hope of everlasting life by bestowing upon us His own image and likeness.

But you who complain that in the present life
no punishment results for the unjust, and no reward for the holy, would you
prefer
that the avenging wrath of our Judge fall upon mankind for every single fault?
But how would then the merciful patience of the magnanimous King
be different from the cruel ferocity of a savage tyrant?
And what portion of mankind would then inherit the world,

---

721 *Tim.* 3:7; 6:9; 2 *Tim.* 2:26 // 739 cf. *Gen.* 2:7 et inspiravit in faciem eius spiraculum vitae // 745 *Gen.* 1:26–27

possessura foret? Vel sanctae quis locus esset
virtuti in terris? Cui si praesentia dona
affluerent, caelo potius sublata maneret.
755 Sic mundi meta abruptis properata fuisset
temporibus, nec ⟨iam⟩ in sobolem generanda veniret
posteritas, pariter cum iustos atque nocentes
aut promissus honos, aut poena auferret ab orbe.

Nunc vero et generis nostri profunda propago
760 tenditur, ac duplici succedit origine pubes,
nata patrum membris et Christi fonte renata.
Et pia dum populis Domini patientia parcit,
in lucem multos de tetra nocte reversos,
ac posita claros peccati labe videmus.

765 Ille per innumeros vultus et mille per aras
barbatos levesque deos, iuvenesque senesque,
ut quondam fecere, colens, iam errore parentum
abiecto solum Unigenam summissus adorat.
Hic sophicas artes Graecorum et vana secutus
770 dogmata, iam Christo sapere et brutescere mundo
gaudet, apostolico doctus caelestia ludo.

Quam multos procul a portu rationis in altum
dedecorum turbo abstulerat: quos aequore toto
iactatos nimiumque vagis erroribus actos
775 nunc reduces iuvat excipere amplexuque paterno
confotos nusquam statione abscedere vitae.
Quos si multa inter morum delicta priorum
plectisset propere rigor implacabilis irae,
intercepta forent melioris tempora vitae,
780 nec standi vires licuisset sumere lapsis.

"Mortem, inquit Dominus, peccantis nolo, nec ullum

---

756 nec ⟨iam⟩ *scripsi metri gratia* : neque *L B //* 777—794 spes veniae *citat H //* 778
plectisset *H L* : plexisset *B*

being free of sin? Or what place on earth would be left
for the holy virtue to be practiced? For if the virtue were to receive rich
                                                                    rewards
already now, it would have to be transferred to heaven to stay there.
Then the end of the world would have come too soon and before its time,
and the subsequent generations would cease to produce descendants,
since the just and wicked alike would have been removed from the earth,
the former to receive their promised honor, the latter, their punishment.

As things stand now, however, the human race keeps expanding
through countless offsprings, and a new breed is following of a two-fold origin,
born from the bodies of their parents and reborn through the fountain of
                                                                    Christ.
So while the Lord in His holy patience spares throngs of people,
we witness that so many have returned from the hideous night to the light,
shining with glory after they have rid themselves of the stain of sin.

One man, who used to worship (as the men of old did)
gods both bearded and beardless, old and young,
gods with countless countenances, and on a thousand altars, now
has cast aside the error of his ancestors and humbly adores the Only-begotten
                                                                    One alone.
Another man, who used to pursue the sophistic arts of the Greeks and their
                                                                    false doctrines,
now rejoices in being wise before Christ and foolish before the world,
for he has been instructed in heavenly things in the school of the Apostles.

How many are those whom the whirlwind of shameful deeds
had carried away into the open sea, far from the harbor of reason!
They were tossed about far and wide across the sea and driven vehemently
                                                                    by wavering errors.
But now we rejoice to receive them returning home and to see them,
reassured by the embrace of the heavenly Father, not abandoning the safe
                                                                    port of life.
But if the rigor of God's implacable wrath had stricken them at once,
while they were living in the abundance of sins of their previous lives,
the time for a better way of life would have been taken away from them,
and those who had fallen would not have been allowed to regain the strength
                                                                    to stand up again.

"I desire not the death of the sinner," says the Lord,

---

761 cf. Io. 4:14 // 770 cf. 1 *Cor.* 1:18; 2:13–14; 3:19 // 781–783 Ezech. 18:32; 33:11;
cf. 2 *Petri* 3:9

de pereunte lucrum est: redeat magis inque relictum
mutatus referatur iter vitaque fruatur.''
Et quia virtutum similes vult esse Suarum
785 quos genuit, ''vindictam, inquit, Mihi cedite: reddam
iudicio quae digna Meo, detur locus irae.''
Sic dum multorum differtur poena malorum,
nonnulli plerumque probos revocantur in actus,
ac fit quisque sibi iudex ultorque severus,
790 quod fuerat prius interimens aliusque resurgens.
At qui persistunt errori incumbere longo,
quamvis in multis vitiis impune senescant,
in saevum finem venient, ubi non erit ulla
spes veniae, minimo ad poenam quadrante vocando.

795 Nos etenim, quoties causa quacumque movemur,
vindictam celerem cupimus, quia rara facultas
non patitur laesos tempus transire nocendi.
At vero Aeternum nil effugit omniaque adsunt
salva Deo. Nihil est Illi tardumve citumve,
800 nec dilata umquam, nec festinata putemus
quae veniunt: nostris mutantur tempora rebus.
Nam quod ubique agitur, quod gestum est, quodque gerendum est
ante oculos Domini puncto subsistit in uno,
una dies Cui semper adest cras atque here nostrum.

XI

805 Sed quamquam examen Deus omnia servet in illud,
quo, quae nunc occulta latent, reserata patebunt,
multa tamen mundum per saecula cuncta regentis
iustitiae documenta dedit, dum maxima bellis
regna quatit, dum saepe urbes populosque potentes
810 exhaurit morbis, cremat ignibus, obruit undis:
dumque inopes ditat, deiectos elevat, auctos
imminuit, solvit vinctos subigitque superbos.

---

793 ubi *H* : ibi *L B* // 797 laesos *scripsi* : laesis *L B*

"nor is there any gain from one who perishes. Instead, let him return, change,
resume the path he had abandoned, and enjoy the true life."
And because God wants those whom He had created to possess virtues
similar to His own, He says, "Leave vengeance to Me!
I will deliver a repayment worth of My judgment; leave room to My wrath!"
Thus while the punishment of the throngs of evildoers is being postponed,
very often some of them return to the honest way of life,
and each one of them becomes his own severe judge and punisher
destroying his old self and rising again as a different man.
As for those who persist indulging in long-lasting errors,
they may well live to their old age without being punished for their many
vices,
but eventually will meet a dire end, where there will be
no hope of mercy and where the last penny will be called to justice.

Indeed, we mortals wish a quick retribution
whenever we suffer any offense, for the rare opportunity
does not allow the victims to miss their chance of doing harm.
But nothing ever escapes the notice of the Eternal One, and all things remain
safe and present before God. To Him nothing is slow or swift;
nor should we think that events ever come to pass too early or too soon for
Him:
it is for mortal affairs alone that times change.
For whatever is taking place anywhere, or has happened, or will happen,
exists as a single moment before the eyes of the Lord,
to Whom our tomorrow and our yesterday is always present as a single day.

XI

But although God reserves all things for that very examination
when the things that now lie hidden will be brought to light,
nevertheless He has given many proofs of the justice ruling over the world
through all ages. So He strikes the mightiest kingdoms
with wars; He often takes on powerful peoples and cities
exhausting them by diseases, consuming them by fires, and overwhelming
them with floods.
He also enriches the poor, lifts up the fallen, brings down the lofty,
frees captives, and subjugates the haughty.

---

785 sq. *Rom.* 12:19 . . . sed date locum irae. Scriptum est enim: Mihi vindicta: ego retri-
buam, dicit Dominus; *Deut.* 32:35; *Hebr.* 10:30 // 794 Mt. 5:26 Amen dico tibi, non exies
inde, donec reddas novissimum quadrantem; Lc. 12:59 // 804 cf. 2 *Petri* 3:8 // 805 sq. 1
Cor. 4:5 // 811 sq. Lc. 1:51–53; cf. 1 *Reg.* 2:4–5; 2:7–8

Nec vero hoc nisi cum magna ratione putandum est
accidere, ut quoties iram experiuntur iniqui,
815   supplicia insontes videantur obire nocentum.
Multa quidem semper mundo communia in isto
indignos dignosque manent: sol omnibus idem est,
idem imber, pariter subeuntur frigora et aestus.
Utque indiscreta est cunctis aqua, lumen et aura,
820   sic iniustorum iustos mala ferre necesse est:
ut dum multa malis insontes compatiuntur,
sint quorum merito populis parcatur iniquis
et qui conversos virtutis imagine ducant.

Sed cum perdendis indemutabilis instat
825   finis, non eadem incumbit sententia sanctis:
sunt quos diluvium mundi non obruat et quos
arsuris liceat Sodomis evadere. Norat
angelus Aegypti vastator limina signo
scripta crucis, sacro removens a sanguine plagam.
830   Nec rutilo mulier decepta est vellere, cuius
sola domus tanta pereunte superfuit urbe.

Fit mare per tumidum sanctis via, fitque per amnem.
Et per inane piis gradus est: cibus alite servo
suggeritur perditque avidus sua fercula messor.
835   Utque Dei servis nihil obsit, vertitur ordo
naturae: vinctos labentia vincula solvunt,
carcer sponte patet, sera non tenet objice valvas:
deficit humor aquas, ignes calor, ira leones.

Non autem dubium est, in magnae turbine cladis
840   involvi teneros annos et, more parentum,
criminis expertes aliena occumbere culpa.
Nam cum homines pontus tegeret, deleta per orbem
multa puellarum et puerorum milia notum est.

---

833 servo *scripsi* : serva *L B* // 840 more *ed. Lovaniensis* (1565) *et aliae, B* : in ore *L*

We must think, however, that the following happens for a good reason:
whenever sinners suffer God's wrath
the innocent seem to share the punishment of the guilty.
But there are many things in this world that always await
the worthy and the unworthy alike: the sun is the same for all;
so is the rain, and all endure cold and heat alike.
Now, as water, light and air are common to all men without exception,
so also the just must put up with the punishments they share with the unjust.
For while the innocent suffer many evils along with the guilty,
their merits will serve as a reason for God to spare the throngs of sinners,
and the just will guide the repentant unjust by their example of virtue.

However, while an immutable end is reserved for the damned,
quite a different verdict awaits the holy.
There were men not overwhelmed by the universal flood,
and there were men allowed to escape the coming conflagration of Sodom.
The angel who devastated Egypt recognized the lintels marked
with the sign of cross, thus sparing the holy people from the slaughter.
Nor did the scarlet thread betray the harlot [Rahab],
for her household alone survived the destruction of such a great city.

A passage was made for the holy people through the swelling sea and across
the river [Jordan].
The air was open to the steps of pious men: so a winged servant brought
food [to Daniel],
while a hungry reaper lost his own lunch.
Even the natural order was changed so that the servants of God may suffer
no harm:
chains fell off and released their captives;
the prison stood open of its own accord, for bar and bolt did not hold the
doors;
water lost its moisture, fire its heat, lions their rage.

There can be no doubt that children of young age
do get involved in the whirlwind of a major disaster;
and although free of sins themselves, they perish by the fault of others,
through the sins of their fathers.
For whenever the sea engulfs people, obviously many thousands
of young boys and girls die throughout the land.

---

817 sq. Mt. 5:45 // 827–829 *Exod.* 12:7; 12:12–14; 12:22–23 // 830 sq. Iosue 2:18; 2:21;
6:17; 6:22–25 // 832 Iosue 3:13–17 // 833 sq. Dan. 14:32–38 // 836 sq. *Acta* 12:6–10;
16:26 // 838 deficit ... ignes calor : Dan. 3:25; 3:27 // deficit ... ira leones : Dan.
6:16–23; 14:39–40

Nec tamen iniuste terris exempta videtur
845   progenies auctura malos: cui multus in ipso
exitio est collatus honos, quod crimine patrum
occidit, ante sua caderet quam noxia culpa.

Quod si et iustum aliquem complexa est poena malorum,
ne dubites placuisse Deo. Nec enim mala mors est
850   ulla bonis: quibus e vario longoque labore
quilibet in requiem patet exitus. Aspera vitam
dat via: nam campo capitur, non fine corona.

Verum nos blandis capti offensique severis,
nec bona iudicio spectamus nec mala vero,
855   dum non nostrarum curanda negotia rerum
suscipimus propriisque iuvant aliena relictis.
Nec quemquam vitiis miserum, aut virtute beatum
censentes, frustra externis culpamque decusque
iungimus et caelo ascripti terrena fovemus.

860   Felices dici mos est, quos blanda potestas
in summos apices tumidorum evexit honorum:
quos magni quaestus ditarunt et quibus amplos
congessit reditus totum res fusa per orbem.
Laudantur vestes pretiosae et pulchra supellex,
865   magnae aedes, famuli innumeri vigilesque clientes,
et quicquid non est nostrum quodque, ut dare quivit
una dies, sic una potest auferre. Nec illud,
quod speciale bonum est hominis nullamque timet vim,
amplexi, miseros, quibus haec perdentia desunt
870   et per mille modos pereuntia, credimus, ac si
iustitiam durus labor urgeat et dolor aegri
corporis et mortes natorum et turpis egestas.

Non quantas pariat constans tolerantia palmas,
nec quo pugna brevis sit processura videmus,

---

850 e *L* : *om. B* // 852 nam campo ..., non fine *scripsi* (*cf. v.* 605) : nec campo ..., sed
fine *L B*

And yet, it does not seem to be unjust that a progeny which would only
increase the number of evildoers was removed from the earth.
They received a great reward in their very destruction; for they perished
through the sins of their fathers, rather than falling down through their own
                                                                          guilt.

Therefore, if the punishment of evildoers involves some just men as well,
have no doubt that God wanted it this way. For there is no evil death
for good men. After a life of long and manifold toil to them any exit
leading to the eternal rest is good enough. It is the rough road that leads to
                                                              eternal life,
for the heavenly crown is won not by the kind of death but in the open field.

But we mortals, captivated by pleasures and incensed with austerities,
apply no right judgment either to good or the evil.
We engage in affairs which are not of our concern,
we abandon our own matters to find delight in those of others.
We do not consider anyone to be unhappy because of his own vices or happy
                                                because of his own virtue,
but wrongly attribute both fault and virtue to external causes,
and although enlisted as citizens of heaven, we cherish the things on earth.

We are accustomed to call happy those whom the flattering power
has elevated to the highest peaks of haughty honors;
those whom huge profits have enriched and for whom investments
spread all over the world have accumulated ample revenues.
We admire their costly clothing and fine furnishings;
their big mansions, countless servants, watchful clients,
and whatever does not belong to us. In short, whatever
one single day can take away from us, just as one single day has given it to us.
We have not embraced the special gift granted to man which fears no external
                                                                          force,
so we take men to be unhappy whenever they are left without these goods,
the goods which can destroy and which are themselves perishable in a
                                                              thousand ways.
As if hard labor and the pain of a sick body
and the deaths of our own children and dire destitution were a threat to the
                                                              justice on earth!

We do not realize to what goal this brief battle of ours will lead us,
or what great rewards our firm endurance will bring us,

---

859 *Phil.* 3:19-20

875   sed calicem crucis ac vitae libare verentes,
       vipereum obducto potamus melle venenum.
       Dulcia sunt etenim gustu specieque decora
       quae morbos mortemque animae generantque foventque,
       canceris et ritu languentia viscera carpunt.
880   Cumque Deus medicam caelo demittere curam
       dignatur penitusque putres abscindere fibras,
       incusamus opem teneri et tabescere morbo
       malumus, antidoti quam vim tolerare severi.
       Non igitur mala sunt quae nos mala ducimus, et cum
885   ulceribus diris non parcit dextra medentis,
       amplectenda salus, non exacuenda querela est.

       Nam quos peccantes Deus arguit, hos etiam nunc
       diligit et patrio vult emendare flagello.
       Meque istis potius societ, quam congreget illis,
890   quos iam summoto permisit verbere cursu
       ire voluntatis propriaque libidine ferri.
       Hi sunt vero illi, quos inter crimina tutos
       et scelerum dites fructu impunita senectus
       extremas turpis vitae produxit in oras.
895   Hi iustum iniustis odiis pressere, per istos
       bella excita piis et flagra medentia tardis.

                              XII

       Namque eadem cunctos exercent tela fideles
       sub duplici causa: dum quo torquentur iniqui,
       hoc sancti crescunt, et quod poenam attulit illis
900   pro culpa, hoc istis dat pro virtute coronam.

       Denique si quicquid mundanis rebus acerbum
       accidit excutias, totum iam sponte videbis
       anticipasse Dei famulos. Gemit ille talentis
       argenti atque auri amissis, hunc rapta supellex

       ——————————

887 nam *scripsi* : iam *L B* // 894 extremas *Valentin* : extremae *L B*

but rather being afraid to taste of the cup of the cross and life,
we drink the viper's venom enveloped in honey.
For whatever causes and nurtures disease and death of the soul,
whatever devours our feeble organs like a cancer,
is sweet in taste indeed and handsome in appearance.
But whenever God deigns to send down from heaven His healing remedy
and to cut off radically our decaying inner parts, we in our weakness
find fault with His help, and we prefer to be consumed by the disease
than to endure the force of a strong antidote.
Therefore, what we consider to be evil is not evil,
and whenever the hand of the healer does not spare our soring ulcers
we should embrace salvation, not raise sharp complaints.

For whenever God censures a sinner He loves him even then,
and He wants to correct him by using a paternal whip.
May He include me in this group, rather than associate me with those
from whom He has already removed His lash and whom He has left
to follow the course of their own desires and to be carried by their pleasures.
They are the ones who remain safe amidst all their vices,
and rich in the fruits of their sins; they are the ones whose shameful life
reaches the limits of an old age with impunity.
It is they who have beset the just with unjust enmity; it is through their doing
that wars have been stirred up against the pious and healing lashes have
fallen upon the sluggish.

XII

All the faithful are targets of the same weapons
for a twofold reason: the same weapons that torment the unjust
make grow the holy, and the same means that have brought punishment on
the former
for their guilt, provide the latter with a crown for their virtue.

Indeed, if you take into consideration any misfortune that may befall
human affairs, you will find that the servants of God have already
spontaneously anticipated every one of them. One man groans at the loss of
his talents
of silver and gold; another is anguished by the plunder of his household
utensils

---

875 Mt. 20:22–23; Mc. 10:38–39; Io. 18:11; 1 *Cor.* 10:21 // 887 sq. *Hebr.* 12:6; *Prov.*
3:12; Iudith 8:27; *Apocal.* 3:19

905   perque nurus Geticas divisa monilia torquent.
        Hunc pecus abductum, domus usta epotaque vina
        afficiunt, tristes nati obscoenique ministri.
        Sed sapiens Christi servus nil perdidit horum:
        quae sprevit caeloque prius translata locavit.
910   Ac si quid mundi sub tempestate laborum
        incidit, intrepide subiit, manifestus honoris
        promissi et cupidus victo certamine solvi.

        At tu, qui squalidos agros desertaque defles
        atria et exustae proscenia diruta villae,
915   nonne magis propriis posses lacrimas dare damnis,
        si potius vastata tui penetralia cordis
        inspiceres multaque obtectum sorde decorem
        grassantesque hostes captivae mentis in arce?
        Quae nisi per cunctas patuisset dedita portas
920   inque suam cladem facibus fomenta dedisset,
        haec etiam, quae facta manu speciosa fuerunt,
        devoti meritum populi testata manerent.
        Sed cum deformi iaceant prostrata ruina,
        objiciunt nobis casus nostrosque suosque.

925   Hos igitur cineres templorum, haec busta potentum,
        quae congesta iacent populati cordis in aula,
        plangamus captiva manus: nos splendida quondam
        vasa Dei, nos almae arae et sacraria Christi,
        in quibus argentum eloquii, virtutis et aurum,
930   et sceptrum captum est crucis, et diadema decoris.
        Nec rabidis iustam moveamus questibus iram,
        iudicium culpando Dei, quod mentis et oris
        officium multa transcendit maius abysso.

        Quamvis exiguo hoc fugientis tempore vitae
935   iniusti tumeant et tuta pace suorum
        laetentur scelerum, nonque illos vinea fallat,
        non ager, et noceant illaesi, et crimine crescant:

---

906 domus usta epotaque *scripsi* : domus ustae potaque *L B* // 921 haec *L* : hoc *B*

and by the fact that his jewels are being distributed among the wives of the
                                                                      Goths.
A third one is distressed by the robbery of his flock, the burning of his house,
                                          and by his wine cellar left empty;
he is distressed by the misery of his children and the squalor of his servants.
But the wise servant of Christ has lost none of these things:
he has rejected them and thus transferred them and placed in heaven.
And if, in the storm of this world, any hardship falls upon him,
he endures it with courage, being sure of the promised reward
and eager to be released from duty once the battle has been won.

You, however, who lament over your neglected fields, empty halls,
and destroyed terraces of your burnt country estate,
could you not rather shed tears for your more intimate losses,
if you turned your look instead to the inner parts of your own heart
to see its beauty being covered with many stains of sin,
to see the enemy plundering in the captured citadel of your mind!
For had our mind not opened all its gates ready to surrender,
had it not supplied the torches with touchwood for its own destruction,
even these beautiful possessions made by the hand of man
would have been preserved to bear witness to the merits of a devout people.
But now that they lie on the ground destroyed by an ugly ruin,
they reproach us with our downfall along with their own.

Therefore, we, a bunch of captives, should bewail aloud those ashes of
                                                                    temples,
those tombs of the mighty which lie heaped together
in the inner court of our devastated hearts! We who once were
the shining vessels of God and the holy altars and sanctuaries of Christ.
We who once treasured the silver of eloquence, the gold of virtue,
the scepter of the cross, and the diadem of beauty.
And let us not arouse the just wrath of God with our raging complaints
blaming His judgment, which is separated from the faculty
of human mind and tongue more than by a mighty deep.

During this brief time of our fleeting life
may the unjust swell up with pride and find delight in safety and tranquillity
provided by their evil deeds! May their vineyards and fields never fail them!
May they themselves keep doing harm with impunity and prosper through
                                                              their crimes!

---

927 sq. nos ... / vasa Dei : *cf. Acta* 9:15; 2 *Tim.* 2:21 // 930 diadema decoris : *cf. Sap.*
5:17 ideo accipient regnum decoris et diadema speciei de manu Domini // 933 multa ...
abysso : *Ps.* 35 (36): 7 iudicia tua abyssus multa

nos, quibus in Christo sunt omnia, ne capiant res
occiduae, quas nec nobiscum inveximus orbi,
940 nec discessuri mundo exportabimus isto!

Sed si quis superest animi vigor, excutiamus
peccati servile iugum, ruptisque catenis,
in libertatem et patriae redeamus honorem!
Impia non oberunt cum saevo pacta tyranno,
945 captiva conscripta manu. Resolubile Christo est
hoc foedus: quod iure potest subvertere iusto,
aversos revocans et suscipiens conversos,
sanguine quos proprio quaesivit prodigus Emptor:
si tamen Assertoris opem festina voluntas
950 praeveniat, fletu Dominum motura fideli.
Nam ut nemo invitus, somnove quietus in alto
fit salvus, nec vi petitur qui sponte recessit,
sic pulsata patent redeuntibus atria vitae
et recipit caeli servatos curia cives.

955 Cuius spem veniae firmato corde foventes,
implorate Deum pugnasque relinquite, fratres,
verborum et lites de pravis sensibus ortas!
Nec quia procidimus fusi certamine primo,
stare et conflictum vereamur inire secundum!
960 Cuncta licet variis terroribus impleat hostis
et vigili clausas obsidat milite portas,
cum victo tamen est bellum, si carne vetusta
exuti, in Christi renovemur corpus et omnem
vincendi nobis vim de Victore petamus.

965 Qui dum nostra Suis sociat, iunxit Sua nostris,
ut non humanis fidens homo, totus in Illum

---

938 ne *scripsi* : non *L B* // 939 orbi *B* : orti *L* // 951—954 *citat H*

But we, whose all possessions are in Christ alone, we must not become slaves
of perishable things, for we have not imported them to this world with our
birth,
nor shall we export them from this world with our departure.

However, if there is any strength of spirit left in us,
let us shake off the servile yoke of our sin, break asunder our fetters,
and return to the liberty and glory of our fatherland!
We shall not be hindered by our unholy covenant with the cruel tyrant,
written down by our captive hand. Christ can dissolve
this treaty: He has every right to override it.
The prodigal Purchaser can call back the estrayed and embrace the converts,
for He has bought them with His own blood.
Provided only that a quick willingness on our part anticipates
the aid of our Deliverer by moving the Lord with our sincere repentance.
For as no man is saved against his will, or while remaining quiet in a deep
sleep;
and as no one who has withdrawn of his own accord is being sought out by
force,
so also the halls of eternal life will open only to those who return to them and
knock,
and the heavenly Senate will receive as citizens those who have been saved
alone.

My brothers, cherish in your strengthened hearts the hope of this mercy,
call upon God, and abandon your battles with words
and your quarrels that have arisen over wrong understandings!
And because we have fallen down defeated in the first fight,
let us not be afraid to stand up and engage in a second combat!
Let the enemy fill our camp with all kinds of terrors,
let him besiege the closed gates of our citadel with an ever watchful army,
still our struggle is with one who has already been defeated—
provided that we put off our old flesh, become renewed into the body of
Christ,
and seek for ourselves all power to conquer from the Conqueror alone.

For while Christ unites what is ours with what is His, He at the same time
joins what is His with what is ours,
so that man may no longer trust in what is human, but rather return entirely
in Him.

---

943 cf. *Rom.* 8:21; *Gal.* 5:13 // 953 Mt. 7:7; Lc. 11:9 // 962 sq. carne vetusta / exuti : *Rom.*
6:6; *Ephes.* 4:22; *Col.* 3:9 // 963 cf. *Rom.* 12:5 et alibi

se referat, sine Quo non stant qui stare videntur
et per Quem sparsi coëunt stratique resurgunt.

Haec sat erit parvo rudibus scripsisse libello:
970   qui cum sincerum vivo de fonte liquorem
gustarint, ipsi profundent flumina ab alvo
cordis et irriguas praebebunt fratribus urnas.

---

subscriptio in L : finis libri de prouidentia Dei

For without Him those who seem to stand do not stand,
while through Him the scattered become united and the fallen rise again.

What I have written in this brief pamphlet will do for the beginners.
For when they have tasted of the pure water from the living fountain,
they will themselves be able to pour forth rivers from the depths of their hearts
and to offer brimming jars of water to their brothers.

---

970 vivo de fonte liquorem : cf. Io. 4:14

COMMENTARY

I Prologue (1 – 96)

Recently, Gaul has been stricken by two huge calamities: first, by a vast flood (27 – 32); second, by the savage ravages of the Goths and Vandals lasting ten full years (33 – 38). The poet himself (a priest?) was not spared the hardships suffered by his flock, for the Goths had burned the city where his bishop resided, and the poet as a captive followed him in exile (57 – 60).

Under such circumstances, the voices of the complainers are becoming ever louder. They question the very existence of God's providence and care for man while adducing two arguments. First, in the two disasters just mentioned masses of innocent people had perished, including small children, virgins, widows, priests and hermits (39 – 56). Why did God allow that to happen (23 – 26)? And second, even in peacetime it is common knowledge that everywhere the wicked prosper and the just suffer (65 – 86).

The poet feels that such complaints are more harmful than the Gothic arms, and he embarks on a systematic refutation of these unbelievers (87 – 94).

1. / **maxima pars** : = Ovid. *Met.* 1.311; *Ex Ponto* 1.2.81; 2.1.45.—**mensibus anni** / : = Verg. *Georg.* 1.64; *C.L.E.* 465 B.3; 528.3; 1156.3; Prud. *Perist.* 11.195.

2. pagina nulla tuo / : Ovid *Trist.* 5.9.4 *pagina nulla meis* / [sc. *libellis*].

3. longa . . . silentia : Ovid *Fasti* 1.183; Lucan 7.66; Stat. *Theb.* 8.621.

5. gravibus . . . curis : cf. Hor. *Sat.* 1.2.110; Ovid *Met.* 3.318 – 19; 9.697; Phaedrus *App.* 5.16; Sil. Ital. 8.233; 11.287; 12.32; Iuven. 13.227; Claudian *Bellum Geticum* (26).226; frequent in prose.—**carmina curis** / : Verg. *Ecl.* 3.61.

6. tristia corda : = Silius 1.147. Cf. Ennius *Ann.* 507 (482) Skutsch; Verg. *Aen.* 6.185; 6.383; 8.522; Ovid *Ex Ponto* 1.6.2.

7. fracti . . . mundi / : Hor. *Carm.* 3.3.7 – 8 *si fractus inlabatur orbis,* / *inpavidum ferient ruinae*; Lucan 1.80 *divolsi . . . . mundi* /. Prosper *Ad uxorem* 7 – 8 *fragilisque membra mundi* / *minui, perire, labi.*

8. turbatum . . . pelagus : cf. Lucan 3.593 *pelago turbante*; Ovid *Met.* 7.154 *mare turbatum*; Prud. *Symmach.* 1, Praef. 7 – 9.—**ima . . . rate** : cf. Vulg. *Jonas* 1:5 *et Jonas descendit ad interiora navis*; Itala *Acta* 16:24 *misit eos in ima carceris*; Prud. *Peristeph.* 5.241 *imo ergastulo*; Verg. *Aen.* 1.84 *e sedibus imis* / = Silius 8.197; Persius *fundo . . . nummus in imo.*

10. mansura : = *caelestia, aeterna*; cf. *T.L.L.* VIII, 293.24 – 28.

11. / **O felix cui** : Lucan 9.208; 9.126; 7.29; Merobaud. *Carm.* 1.23. Cf. G.L. Dirichlet, *De veterum macarismis* (RGVV XIV.4, Giessen, 1914), p.24.—**cui tanta Deo** : cf. Verg. *Aen.* 9.97 *Cui tanta deo permissa potestas?*—**Deo tribuente** : cf. Ovid *Met.* 2.45; Martial 11.5.8.

12. liber agat / : cf. Dracont. *De laud. Dei* 3.428 *iam liber agebat* /.

13. strage ruina / : cf. v.294 and Livy 42.63.4 *ex ipsa ruinae strage congestis saxis*; 5.43.3 *strage ac ruina fudere Gallos*; 37.32.4 *per ipsam stragem ruinarum.*

14. / **intrepidum** : Ovid *Met.* 9.107; Lucan 2.207; 5.658; 6.219; 10.15; Stat. *Theb.* 11.687; Auson. 18.22.27.—**flammas . . . aquas** / : = Ovid *Trist.* 1.8.4. Cf. v.31 and *T.L.L.* II, 347.25 *aqua et ignis.*—**inter et inter** : cf. Silius 11.180.

15. tanta sub tempestate malorum : cf. Orosius *Hist. adv. pag.* 1.21.15 *tanta bellorum tempestate permoti.*

16. caedimur et cadimus / : cf. Verg. *Aen.* 11.167–68 *caesis Volscorum milibus ante* / . . . *cecidisse iuvabit* /.

17. cumque animum patriae subiit fumantis imago : Verg. *Aen.* 9.294 *atque animum patriae strinxit pietatis imago*; 10.824 *et mentem patriae subiit pietatis imago.—* **patriae . . . fumantis** : imitates Orientius *Commonitorium* 2.184 *uno fumavit Gallia tota rogo.* /

18. / et stetit ante oculos : Ovid *Amores* 1.5.17; 3.5.10; *Heroid.* 15.162; Auson. 19.76.4; Paulinus Nolanus *Carm.* 6.114.

19. immodicis et fletibus : cf. Stat. *Silvae* 5.1.247.—**fletibus ora rigamus** / : Ovid *Met.* 11.419; *Ex Ponto* 2.11.9; Verg. *Aen.* 6.699; 9.251; Prud. *Peristeph.* 11.194.

21. turbatam . . . mentem : cf. Verg. *Aen.* 11.3; Ovid *Trist.* 3.3.47.

22. linguarum et iaculis : cf. Cyprianus *Epist.* 60.3 (*C.S.E.L.* 3, p.694.1) *in perniciem fratrum lingua sua perstrepens et facundiae venenatae iacula contorquens*; *T.L.L.* VII,78.36 ff.—**saucia corda** : Prud. *Psychom.* 322; *saucia . . . pectora*: Lucan 4.285; Stat. *Theb.* 7.598; 8.711–12; *Silvae* 5.5.44–45.

23. causas . . . rerum : Verg. *Georg.* 2.490; Manil. 1.98; Persius 3.66 et saepius.—**hominumque labores** / : cf. Verg. *Aen.* 2.284.

24. arbitrio . . . Dei / : = Ovid *Trist.* 5.3.18. Cf. Prosper *Epigr.* 40.5–8:

> Quae [sc. saecula] non incerto volvunt magna agmina motu,
> sed sub iudicio stantque fluuntque Dei,
> ut nihil existat naturae in partibus ullis
> quod non Ille suo temperet arbitrio.

26. quid meruere mali? / : cf. Ovid *Ex Ponto* 3.2.20.

28. vastis . . . aquis / : = Ovid *Heroid.* 19.164; *Ars amat.* 3.94; *Fasti* 4.284.

29. semina frugum / : cf. Verg. *Georg.* 1.22.

31. ignis et imbris / : cf. Lucret. 6.222.

33. mali labes : Verg. *Aen.* 2.97; Prosper *De ingratis* 190; Orientius *Commonit.* 1.337.

35–38 imitates Orientius *Commonit.* 2.167–72 (*C.S.E.L.* 16):

> Non densi nemoris, celsi non aspera montis,
> flumina non rapidis fortia gurgitibus,
> non castella locis, non tutae moenibus urbes,
> 170   invia non pelago, tristia non heremo,
> non cava, non etiam tetricis sub rupibus antra
> ludere barbaricas praevaluere manus.

35. montibus altis / : = Lucret. 4.1020; 5.313; 5.492; 5.663; 6.735; Verg. *Ecl.* 7.66; *Georg.* 4.112; *Aen.* 3.675; 7.563; 10.707; 12.523; Ovid *Met.* 1.133; Manil. 4.644; *T.L.L.* I, 1774.14–17.

36. amnibus aequoreis : Auson. 11.11.2 *aequoreus . . . amnis* [i.e. Baetis]; *Mosella* 483 *aequoreae . . . Garumnae.*

37. barbarici . . . furoris : *C.L.E.* 1516.7 *leges barbarico dedit furori* /; Ammian. Marc. 30.10.3 *furore barbarico crudescente.*—**dolos atque arma** : cf. Verg. *Aen.* 11.522–23 *accommoda fraudi / armorumque dolis*; Stat. *Theb.* 3.341 *arma, dolos*; Prudent. *Psychom.* 550 *nihil refert, armis contingat palma dolisve*; Claudian *De raptu Pros.* 1.223 = Dracont. *Orest.* 162 *armata dolis.*

38. ultima pertulimus / : cf. Ovid *Trist.* 5.1.33 / *tot mala pertulimus*; Prosper *Ad uxorem* 30 *pax abiit terris: ultima quaeque vides*.

39. nullo discrimine : Lucret. 5.1314; Verg. *Aen.* 1.574; 10.108; 12.498 *nullo discrimine caedem* /; 12.770; Lucan 4.218; Prud. *Hamartigenia* 72 and 99. Cf. *discrimine nullo*: Ovid *Trist.* 5.10.29; Lucan 3.119; Prud. *Symmach.* 2.826.

40. cesset ab invidia : cf. Ovid *Met.* 13.139 / *invidia careat*; Auson. *Mosella* 378 – 79 *facessat* / *invidia*; Eugen. Tolet. *Carm.* Praef. 7 / *invide, iam cessa*.

41. maiores anni : cf. Ovid *Met.* 9.421 *veteres* . . . *annos*; 15.470 *senioribus* . . . *annis.*—**nequior aetas** : Horace *Carm.* 3.6.46 – 47 *aetas parentum peior avis tulit* / *nos nequiores.*

42. offenso . . . **Deo** / : = Ovid *Fasti* 1.482.

43. quid pueri insontes . . . : cf. Stat. *Theb.* 2.305 *quid insontes nati meruere furores?* /; 9.443 = 9.666 / *insontis pueri.*

44. vita brevis : cf. Plaut. *Most.* 725; Horace *Carm.* 1.4.15; Ovid *Met.* 3.124; Martial 10.50.7 – 8; Iuvenal 9.127; Auson. 4.11.7 et saepius.

45. templa Dei : = Ovid *Trist.* 3.1.60; *Fasti* 2.58.—**popularier igni** / : cf. Lucan 2.445 *populetur et igni* /; infra, v.653 *populator et ignis* /.—**popularier** : Prud. *Psychom.* 214.

46. sacri . . . **ministerii** : i.q. *sacerdotii*, cf. *T.L.L.* VIII, 1010.72 – 82.

47. honor . . . **devotae virginitatis** : Auson. 4.6.8 *crevit devotae virginitatis amor* /; Sedulius *Carm. pasch.* 2.67 *cum virginitatis honore*.

48. relligionis amor / : Prud. *Peristeph.* 11.192; *Symmach.* 2.591.

49. desertis . . . **in antris** / : cf. Ovid *Met.* 11.147 *montanis* . . . *in antris* /; *Trist.* 5.7.11 *desertis* . . . *in oris* /.

50. nocte dieque : Ovid *Met.* 2.343; 12.46; *Ex Ponto* 3.1.40; Stat. *Theb.* 12.485; Auson. 7.23.12; Prud. *Cathemer.* 8.56; *Hamartig.* 514 et saepius.

53. nominis almi : i.e. *sacerdotis*, cf. Prosper *De ingratis* 76 – 77 *pontifices* / *almi*; Paulin. Nol. *Carm.* 25.201 *Memor alme* (episcopus).

54. miseri . . . **populi** : cf. Lucan 2.208 *miseri tot milia volgi* /; 7.47; Stat. *Theb.* 7.25.

55. igne perusti / : cf. Lucan 6.622 *sole perustis* /; Auson. 7.16.8 *igne perurit* /.

56. inclusas vinclis . . . **manus** / : cf. Ovid *Ex Ponto* 1.2.46 *aut dare captivas ad fera vincla manus.*—**gemuere manus** : cf. Verg. *Georg.* 3.226 – 27; Silius 17.483; Stat. *Theb.* 9.767; 12.285.

57. pulvereus : Valer. Flacc. 4.608; Stat. *Silvae* 4.3.88.—**arma Getarum** / : = Claudian 28.123.

58. carpebas duram, non sine fasce, viam : cf. infra, v.138; Verg. *Georg.* 3.347 *iniusto sub fasce viam cum carpit* [sc. *Romanus in armis*].—**duram** . . . **viam** : Ovid *Heroid.* 7.116; Claudian *Carm. min.* 12.4.

59. sacer ille senex : i.q. *episcopus*, cf. Prosper *De ingratis* 187 *mille senum prudentia* [i.e. the Council of Carthage, A.D. 418]; Augustine *Epist.* 128 finis (ed. Goldbacher): *Silvanus senex ecclesiae Summensis subscripsi*; 209.3 *sanctum senem, qui tunc primatum Numidiae gerebat.*—**pulsus ab urbe** / : = Ovid *Met.* 3.624.

60. laceras . . . **oves** : cf. Claudian 20.400 / *ut miseras populabor oves*.

61. sub belli . . . **turbine** : Silius 4.370 = 5.350 *turbine pugnae* /; Stat. *Theb.* 5.560 *turbine bellica*; Dracont. *Romulea* 9.71 *turbine belligero*.

63. placidas res mundi : cf. Plaut. *Persa* 753 – 54 *re placida, pacibus perfectis,* / *bello exstincto*; Auson. 6.34.5 *placidumque per aevum*; Dracont. *De laud. Dei* 3.228 *temporibus placidis.*—**tempore pacis** / : Stat. *Theb.* 5.193.

64. cura Dei : cf. vv.83; 329; 415; 724; Ovid *Met.* 1.48; Auson. 4.1.3; Prud.

Psychom. 622. *cura divina*: Cic. *N.D.* 2.147; *cura deum*: Lucan 5.340; Stat. *Theb.* 5.456; Auson. 19.3.11 et saepius.

65. veterum ... avorum / : = Verg. *Aen.* 7.177; Prud. *Symmach.* 1.39.

67 – 68   maximus iniustis locus invenietur in orbe,
                        oppressis autem pars prope nulla bonis.

"The wicked prosper with impunity, while the righteous are being afflicted with all kinds of misfortune"—this proposition as an argument against the divine care for men is as old as Greek Sophists. Compare, e.g., Thrasymachus 85 B 8 Diels-Kranz: οἱ θεοὶ οὐχ ὁρῶσι τὰ ἀνθρώπινα· οὐ γὰρ ἂν τὸ μέγιστον τῶν ἐν ἀνθρώποις ἀγαθῶν παρεῖδον, τὴν δικαιοσύνην· ὁρῶμεν γὰρ τοὺς ἀνθρώπους ταύτῃ μὴ χρωμένους; Eurip. *Frr.* 286 Nauck; 684; 901:

       Πολλάκι μοι πραπίδων διῆλθε φροντίς,
       εἴτε τύχα (τις) εἴτε δαίμων τὰ βρότ(ε)ια κραίνει,
       παρά τ' ἐλπίδα καὶ παρὰ δίκαν
       τοὺς μὲν ἀπ' οἴκων (οὐ)δένα(ς ἐκ)πίπτοντας
       ἄτερ θεοῦ, τοὺς δ' εὐτυχοῦντας (εἰσ)άγει.

Trag. Fr. Adesp.465; Plato *Rep.* 2, 364 b 3; *Gorg.* 470 d 2; Isocrat. *Panathen.* 186; *S.V.F.* II, Nrr.1168 – 1186 (*"Cur mala sint, cum sit providentia"*); Ennius *Telamo* 134 Jocelyn ap. Cic. *N.D.* 3.79: *Nam si curent* [sc. *di*], *bene bonis sit, male malis: quod nunc abest*; Lucret. 6.389 – 95; Cic. *N.D.* 3.79 – 85 (and A.S. Pease ad loc.); Aetius 1.7.10; Philo *De providentia* 1.37 – 76 (and M. Hadas-Lebel, p.93 ff.); Seneca *De providentia* (*Dial.* 1.1.1): *Quare aliqua incommoda bonis viris accidant, cum providentia sit*; Plut. *Stoic. repugn.* 1051 A; Martial 4.21; Gellius *N.A.* 7.1 *"Si esset providentia, nulla essent mala"*; Lucian *Iuppiter confutatus* 16 – 17; *Iupp. Tragoedus* 49; Orig. *Contra Celsum* 1.10; Min. Felix *Octavius* 5.12 *Quodsi mundus divina providentia et alicuius numinis auctoritate regeretur, numquam mereretur Phalaris et Dionysius regnum, numquam Rutilius et Camillus exilium, numquam Socrates venenum*; Lactantius *Div. instit.* 3.17.8 et alibi; Augustine *Enarratio in Ps.* 48.1; 72.22; Claudian *In Rufinum* 1.1 – 7 and 12 – 15 (ed. Hall, 1985; cf. H.L. Levy, 1971, ad loc.):

       Saepe mihi dubiam traxit sententia mentem,
       curarent superi terras, an nullus inesset
       rector et incerto fluerent mortalia casu.
       Nam cum dispositi quaesissem foedera mundi
 5   praescriptosque mari fines annique meatus
       et lucis noctisque vices, tunc omnia rebar
       consilio firmata dei ...

 12   Sed cum res hominum tanta caligine volvi
       aspicerem laetosque diu florere nocentes
       vexarique pios, rursus labefacta cadebat
       religio ...

69. violentus, atrox : cf. Prud. *Peristeph.* 5.467 *violentus, audax, barbarus /*; 10.33 *inmitis, atrox, asper, inplacabilis /*.

70. fides cesserit ... pudor : cf. Ovid *Met.* 1.129 *fugēre pudor verumque fidesque /*.—**ore pudor /** : Ovid *Amores* 2.5.34; 3.6.78; *Ars amat.* 2.556; *Tristia* 1.2.30; *Ex Ponto* 4.9.92.

73. sine crimine vitam / : = Verg. *Aen.* 4.550; Ovid *Nux* 1; *C.L.E.* 485.4; 908.9; 1004.1; Prosper *Epigr.* 79.1 *vitam sine crimine ducens /*; Prud. *Symmach.* 1.95.

75. hic inhonorus, inops, odium : cf. Prosper *Expositio psalmorum* 144.14 (ed. Callens, *C.C.*, 1972): ... *et inhonori ac pauperes spernuntur* [sc. *sancti*] *a potentibus mundi, et inter abiecta quaeque reputantur.*—**iuvenumque senumque /** : cf. v.766; Verg. *Aen.* 9.309; Ovid *Met.* 7.612; 8.526; 12.464; 15.210; Prosper *De ingratis* 430.

76. exul agit / : Ovid *Met.* 15.589; *Heroid.* 7.115; 10.66; *Trist.* 1.2.74; 1.3.82; 3.3.66. Cf. Eurip. Fr.901.4 (quoted ad vv.67–68).

77–78 Cf. vv.792; 893–94; 935–36 and Claudian 1.13–14 (supra).

77. maturis integer annis / : Ovid *Met.* 5.50 *bis adhuc octonis integer annis /*; Stat. *Theb.* 1.415 */ integer annorum.*

78. ulcera dira : v.885; Prud. *Hamartig.* 928.

79. vera laborant : cf. Livy 22.39.19 *veritatem laborare nimis saepe aiunt, exstingui nunquam.*

81. adultera sacris / : cf. Ovid *Met.* 10.347 *adultera patris /.*

82. templi limina : cf. v.440.

83. celsa ... arce / : = Verg. *Aen.* 1.56; Prud. *Hamartig.* 494.

85. ultrices ... poenas / : cf. Ovid *Trist.* 5.8.9 *exigit a dignis ultrix Rhamnusia poenas.*—**crimina poenas** : cf. v.435; Lucan 8.781 *isto pro crimine poenam /*; Valer. Flacc. 4.430; Claudian *De raptu Pros.* 3.92.

87. Talia cum ... spargantur in aures : cf. Prosper *De ingratis* 33–34:

> Talia cum demens late diffunderet error
> commentisque rudes traheret letalibus aures ...

—**vulgi ... in aures /** : Verg. *Aen.* 2.119 *vulgi quae vox ut venit ad auris /*; Prud. *Peristeph.* 1.78 *per aures posterorum spargerent /.*

88. lingua maligna : cf. Catull. 7.12 *mala ... lingua*; Dracont. *De laud. Dei* 1.490 *lingua suada mali.*

89. Scythicis : i.q. *Geticis*, cf. Synesius *Oratio de regno* 14–15; Orosius *Hist. adv. paganos* 7.37.9.—**Scythicis consumier armis /** : cf. Merobaudes *Panegyr.* 2.127 *cum Scythicis succumberet ensibus orbis /.*

90. infidis cordibus : Alcimus Avitus *Carm.* 5.561 */ infidisne ... cordibus.* Cf. v.372 *infidas ... mentes* and Silius 2.381; Claudian 18.129; *A.L.* 666.18; Iuvencus 2.37.

91. caelestia tela : v.389; Claudian *Carm. min.* 27 (*Phoenix*). 59 *telis caelestibus* [i.e. *radiis solis*]; Prosper *De ingratis* 37 *iaculis caelestibus*; Verg. *Aen.* 12.167 *caelestibus armis /* = Stat. *Theb.* 9.738; *C.L.E.* 911.5—**prome ... tela pharetris /** : Verg. *Aen.* 5.501; *Ciris* 160; Ovid *Met.* 1.468; 5.620 et alibi.

92. medicis ... vulneribus : cf. vv.880–81; *T.L.L.* VIII, 551.1–10.

93. errorum ... noctem : cf. Cic. *Harusp. resp.* 40 *error obscurus*; *Tusc. disp.* 5.6; *Pro Sulla* 78; *Div. in Caec.* 45; Cyprianus *Quod idola dii non sint* 14 *ab errore tenebrarum ad viam lucis adducere*; Augustine *De civ. Dei* 1.22 *caligine erroris* et saepius.

94. inque viam : cf. v.206; Prosper *Epigr.* 17.8 *cui via Christus erit /*; John 14:6.—**visa luce** : cf. Prosper *Epigr.* 42.4; 82.4–5; 92.5–6; John 8:12; Tertullian *De fuga in persecutione* 14.2 ... *habes noctem, luce Christi luminosa adversus eam*; *T.L.L.* VII,1916.63—1917.44.

II (97–150)

The idea of God is inborn in every single man (102–108). God is uncreated, eternal, immutable, and not confined by space or time. He has created all things ex nihilo, *when He willed and as He willed* (109 – 114). *The entire universe and all things and creatures in it have been created by God through the agency of His bountiful God-Word* (115 – 120).

It is true that opposite elements clash with each other (hot with cold, dry with wet, soft with hard, solid with liquid, swift with slow, and so on). But one should know two things. First, it is thanks to this movement in opposite directions that the elements preserve their vital force (121 – 129). *What is more important, every element possesses a definite purpose, known to their Creator alone. Man's knowledge is partial and relative, while God controls all the things of the universe with a view to the benefit of the whole* (130 – 150).

97. divinis edita libris / : Prud. *Apotheosis* 440 *fata Sibyllinis . . . edita libris /.*

98. aequore aperto / : = Verg. *Aen.* 12.333; cf. Ovid *Heroid.* 5.77 – 78; *Met.* 4.527; 11.555.

99. ventis ... vela secundis / : = Verg. *Aen.* 3.683; 7.23; Ovid *Heroid.* 16.163 *vela . . . ventis dedit ille secundis /;* Stat. *Silvae* 5.1.149.

100. rudibus ... intrare profundum / : cf. Auson. *Mosella* 183 *rudibusque natandi /;* infra, v.969.

101. in tenui ... rivo : cf. Varro *De re rust.* 3.5.11 *aqua rivolo tenui adfluit.*

102. Quae iacet extremo tellus circumdata ponto : Ovid *Met.* 2.272 *Alma tamen Tellus, ut erat circumdata ponto, . . .;* Verg. *Aen.* 10.377 *Ecce maris magna claudit nos obice pontus;* Manilius 4.783 *Cnosia . . . tellus circumdata ponto /;* 4.802 *Magna iacet tellus magnis circumdata ripis.*

103. et quae gens hominum : cf. Nepos *Datames* 4.1 *quae gens iacet supra Ciliciam.*—**corpore mundi / :** = Manil. 1.247; cf. 4.888 *corpore mundus /.*

104. tempora prisca : cf. Ovid *Fasti* 1.197 *prisci temporis annis /;* Manil. 1.729 = 4.542 *saecula prisca /;* Prud. *Symmach.* 1.604 *prisco sub tempore.*

105. esse omnes sensere Deum : cf. Cic. *N.D.* 1.43 *Quae est enim gens aut quod genus hominum quod non habeat sine doctrina anticipationem quandam deorum . . .?* (and A.S. Pease ad loc.); *Tusc.* 1.30; 1.35; *De legg.* 1.24; Senca *Epist.* 117.6 *Deos esse inter alia hoc colligimus, quod omnibus insita de dis opinio est, nec ulla gens usquam est adeo extra leges moresque proiecta, ut non aliquos deos credat;* Dio Chrysost. *Orat.* 12.27; 12.39; Clem. *Strom.* 5.113.9; Lactant. *Div. instit.* 1.2.5 et saepius.

106. Auctorem natura docens : cf. Cic. *N.D.* 1.2 *plerique, quod maxime veri simile est et quo omnes . . . duce natura venimus, deos esse dixerunt* (and Pease ad loc.); 2.16; *De finibus* 1.71 *magistra ac duce natura; De officiis* 1.129 *natura ipsa magistra ac duce;* Tertullian *De spectaculis* 2 *Nemo negat, quia nemo ignorat, quod ultro natura suggerit, deum esse universitatis conditorem . . .;* et saepius.—**impius error :** cf. Augustine *De civ. Dei* 12.15 *impia doctrina.*

108. innatum est cunctis Genitorem agnoscere verum : cf. Cic. *N.D.* 2.12 *Itaque inter omnis omnium gentium summa constat: omnibus enim innatum est et in animo quasi insculptum esse deos;* Seneca *Epist.* 117.6; Dio Chrysost. *Orat.* 12.27; 12.39.

109 – 110 imitates Marius Victor, *Alethia*, Precatio 8 – 13:

> Tu [sc. Deus] sine principio, pariter sine fine, perennis
> solus, semper idem nullique obnoxius aevo;
> tu spatium rerum, mentis quocumque recessus
> tenditur, excedis, spatio neque cingeris ullo;
> nec te qui capiat locus est cum rebus alumnis,
> nec magis ipse locus.

109. Hic auctore carens et tempore, permanet idem : cf., e.g., Euseb. *De eccles. theol.* 2.9 (p.108.31 Klostermann) [of God] τῆς ἀχρόνου καὶ ἀνάρχου καὶ ἀγενήτου καὶ ἀναλλοιώτου οὐσίας, ἐφ᾽ ἧς τὸ εἶναι μόνον ἐπιπρέπει νοεῖν; Auson. 2.3.3 – 4 *principio extremoque carens* [sc. *Omnipotens*], *antiquior aevo,* / *quod fuit aut veniet*; Prud. *Cathemer.* 4.8 [*Deus*] *expers principii carensque fine* /; Dracont. *De laud. Dei* 2.69 [*Deus*] *temporis expers* /; Prosper *Epigr.* 105.2 *cui* [sc. *Deo*] *summum et proprium est, semper id esse quod est*; et saepius.

110. immensum non saecula nec loca claudunt : i.q. ἀχώρητος, "God is all-enclosing, not enclosed." Cf. vv.178 – 79; Philo *Leg. alleg.* 1.44; *De poster. Caini* 14; *De confus. ling.* 136; *Pastor Hermae, Mand.* 1.1; *Kerygma Petri* (ap. Clem. *Strom.* 6.39); Justin *Dial.* 127.2; Theophil. *Ad Autol.* 1.5; 2.3; Iren. *Adv. haer.* 1.1.1; 4.20.2; et saepius. Cf. W.R. Schoedel, in *Festschrift A. Böhlig* (Nag Hammadi Studies, 3, Leiden, 1972), 88 – 108; *Festschrift R. Grant* (Théologie historique, vol. 53, Paris, 1979), 75 – 86.

111. nullis mundi causis extantibus : cf., e.g., Hippolytus *Contra Noetum* 10 (ed. Nautin, Paris, 1949) Θεὸς μόνος ὑπάρχων καὶ μηδὲν ἔχων ἑαυτῷ σύγχρονον ἐβουλήθη κόσμον κτίσαι; *Refutatio* 10.32.1 (ed. Marcovich, Berlin, 1986).

112 – 113 cum visum est, omnia solus / **condidit ut voluit** : cf., e.g., Hippolyt. *C. Noetum* 10 ὅσα ἠθέλησεν, ὅτε ἠθέλησεν, καθὼς ἠθέλησεν (ἐποίησεν ὁ θεός); *Refutatio* 10.33.7 ὅτε δὲ ⟨ὅσα⟩ ἠ⟨θέλησεν⟩ ὡς ἠθέλησε καὶ ἐποίησεν (sc. ὁ θεός) . . . —**omnia solus** / : Prud. *Apotheos.* 188 *et super omnia solum* [sc. *Deum*] /; Paulinus Nolanus *Carm.* 29.18 *omnia totus* /.

113. formas numerosque modosque / : cf. Verg. *Aen.* 11.328 *numerumque modumque carinis* /; Auson. 2.3.4 *formamque modumque* /; Prosper *Epigr.* 91.6 – 8:

. . . perque operum speciem suspicit Artificem [cf. *Rom.* 1:20]
fingentem rebus formas, loca, tempora, motus,
mensuris, numeris, ponderibusque suis.

114. et semina rebus / : Lucret. 1.59; 1.176 et alibi; Ovid *Met.* 1.9; 1.419; *Fasti* 4.787; Manilius 1.122; Lucan 10.208; Auson. 19.77.1; Claudian *Carm. min.* 29.2; Dracont. *De laud. Dei* 1.602 et alibi.

115. Quicquid inest caelo etc. : cf. Ovid *Fasti* 1.117 *Quicquid ubique vides: caelum, mare, nubila, terras* . . . —**terraeque marique** / : Lucret. 3.837; 5.219; 6.678; Verg. *Aen.* 1.598; Ovid *Met.* 2.96; Lucan 1.201; 1.306; Stat. *Theb.* 3.519; Prud. *Symmach.* 2.579; Paulin. Nol. *Carm.* 13.10 et alibi; frequent in prose (cf. *O.L.D.*, s.v. *terra*, 1, b).

118. divite Verbo / : cf. Prosper *Ad uxorem* 110 *pauperiem, Christo divite, non metuam*; *Epigr.* 97.3 *et quod non fecit dives sapientia Verbi* . . . ; Prud. *Psychom.* 202 *divite regno* /.

119. quod Deus est : cf. Auson. 2.3.9 *ipse Dei Verbum, Verbum Deus,* . . . ; Prud. *Cathemer.* 11.24 *nam Verbum Deus.* —**rerum naturas** : cf. Lucret. 1.21; 1.25; 1.710 et alibi. —**elementa** / : Lucret. 2.393; 2.463; 2.691; 2.981; 3.244; 5.456; 6.330; 6.354; 6.1009.

120. et summis . . . et imis / : cf. Ovid *Met.* 7.278; *Fasti* 6.279 et alibi.

121 – 122 Quod vero . . . compugnant [sc. **elementa**] **. . .** / **atque aliis alia obsistunt** : cf. Ovid *Met.* 1.18 – 20:

obstabatque aliis aliud, quia corpore in uno
frigida pugnabant calidis, umentia siccis,
mollia cum densis, sine pondere habentia pondus.

Ps.Aristotle *De mundo* 5, 396 a 33 Καίτοι γέ τις ἐθαύμασε πῶς ποτε, ἐκ τῶν ἐναντίων ἀρχῶν συνεστηκὼς ὁ κόσμος, λέγω δὲ ξηρῶν τε καὶ ὑγρῶν, ψυχρῶν τε καὶ θερμῶν, οὐ πάλαι διέφθαρται καὶ ἀπόλωλεν . . .; Apuleius *De mundo* 19: *Sed quibus-dam mirum videri solet, quod, cum ex diversis atque inter se pugnantibus elementis mundi natura conflata sit (aridis atque fluxis, glacialibus et ignitis), tanto rerum divortio nondum sit eius mortalitas dissoluta*; Manil. 3.54–55:

> . . . ut tot pugnantis regeret concordia causas
> staretque alterno religatus foedere mundus.

122–123 contraria discors / omnia motus alit : cf. Manil. 2.63–66 and 2.80–81:

> . . . totumque alterno consensu vivere mundum
> et rationis agi motu, cum spiritus unus
> 65 per cunctas habitet partes atque irriget orbem
> omnia pervolitans corpusque animale figuret.

> 80 *Motus alit*, non mutat opus: sic omnia toto
> dispensata manent mundo dominumque sequuntur.

Prosper *Ad uxorem* 122 *spiritus unus alat /*; *Epigr.* 22.4 (= Verg. *Aen.* 6.726).—Cf. Ovid *Met.* 1.9 *discordia semina rerum /* (and Fr. Bömer ad loc., I, p.19 f.); 1.433 *discors concordia* (= Horace *Epist.* 1.12.19; *Ars* 374; Lucan 1.98; Lactant. *Div. instit.* 2.9.17; Heraclitus B 51 DK = Fr.27 Marcovich: παλίντονος ἁρμονίη); Manil. 1.142 *discordia concors* (= Paulin. Nolan. *Carm.* 8.20); Seneca *Nat. quaest.* 7.27.4: *Non vides quam contraria inter se elementa sint? Gravia et levia sunt, frigida et cali-da, umida et sicca: tota haec mundi concordia ex dissimilibus constat*; *De otio* 5.5: *utrum contraria inter se elementa sint, an non pugnent, sed per diversa conspirent*; Ps.Aristotle *De mundo* 5, 396 b 7: Ἴσως δὲ τῶν ἐναντίων ἡ φύσις γλίχεται καὶ ἐκ τούτων ἀποτελεῖ τὸ σύμφωνον, οὐκ ἐκ τῶν ὁμοίων . . .; Apuleius *De mundo* 19 *Et, ut res est, contrario-rum per se natura flectitur* [= κλίνεται] *et ex dissonis fit unus idemque concentus*; Ps.Aristotle o.c., 5, 396 b 23: Οὕτως οὖν καὶ τὴν τῶν ὅλων σύστασιν, οὐρανοῦ λέγω καὶ γῆς τοῦ τε σύμπαντος κόσμου, διὰ τῆς τῶν ἐναντιωτάτων κράσεως ἀρχῶν μία διεκόσμησεν ἁρμονία· ξηρὸν γὰρ ὑγρῷ, θερμὸν δὲ ψυχρῷ, βαρεῖ τε κοῦφον μιγὲν καὶ ὀρθὸν περιφερεῖ, γῆν τε πᾶσαν καὶ θάλασσαν αἰθέρα τε καὶ ἥλιον καὶ σελήνην καὶ τὸν ὅλον οὐρανὸν διεκόσμησε μία διὰ πάντων διήκουσα δύναμις . . .; Apul. o.c., 21; Cic. *N.D.* 2.119 *Quarum* [sc. *stellarum*] *tantus est concentus ex dissimillimis motibus, ut* . . .; Firmicus Maternus *Mathesis* 7.1.2: *Qui* [sc. *Deus*] *ad fabricationem omnium quattuor elementorum diversitate composita, ex contrariis et repugnantibus cuncta perfecit*.

124. vitalem capiunt cuncta exagitata vigorem : cf. Lucret. 2.95–99:

> Quod quoniam constat, nimirum nulla quies est
> reddita *corporibus primis* per inane profundum,
> sed magis adsiduo varioque *exercita motu*
> partim intervallis magnis confulta resultant,
> pars etiam brevibus spatiis vexantur ab ictu.

—/ **vitalem . . . vigorem** : cf. Lucret. 3.215 / *vitalem praeter sensum calidumque vaporem*; 2.890; 3.527; 5.633; Ovid *Trist.* 1.6.31 *si quid et in nobis vivi fuit ante vigoris.*—**exagitata** : cf. Lucret. 6.583; Manil. 5.77.

125. pigra situ : Ovid *Ars amat.* 2.443.—**prono . . . lapsu /** : Ovid *Met.* 14.821.

126. cursu instabili : cf. Lucan 5.556.

127 – 129 Cf. Ovid *Met.* 1.19 – 20; Seneca *Epist.* 7.27.4 et saepius.
130. Cf. Prosper *De ingratis* 740 – 41: *Nec tamen haec inter tam compugnantia quisquam / arguit Auctorem, qui . . .*
132. Sator ille : cf. Martial 10.28.1 *Sator pulcherrime mundi* [i.e. Ianus]; Stat. *Theb.* 3.488 *summe sator terraeque deumque* [i.e. Iuppiter]; Ovid *Met.* 1.79 / *Ille opifex rerum*; Prosper *De ingratis* 891 *rerumque Sator* [i.e. Christus]; Paulin. Nolan. *Carm.* 29.19 *mundi Sator* [i.e. Deus]; 10.50 [Christus].—**operum . . . momenta suorum** : i.q. *causas*, cf. *O.L.D.*, s.v. *momentum*, 7, "decisive influence, cause."
133. varios in totum temperet usus : cf. Manil. 1.247 – 254:

> Hoc opus immensi constructum corpore mundi
> membraque naturae diversa condita forma
> (aëris atque ignis, terrae pelagique iacentis)
> 250   vis animae divina regit, sacroque meatu
> conspirat deus et tacita ratione gubernat
> mutuaque in cunctas dispensat foedera partes,
> altera ut alterius vires faciatque feratque
> *summaque* per varias *maneat cognata* figuras.

Philo *De aeternitate mundi* 83 νυνὶ μὲν γὰρ ἕκαστα ἐφορᾷ καὶ πάντων οἷα γνήσιος πατὴρ ἐπιτροπεύει [sc. ὁ θεός] . . . ἡλίῳ τε καὶ σελήνῃ καὶ τοῖς ἄλλοις πλάνησι καὶ ἀπλανέσιν, ἔτι δ' ἀέρι καὶ τοῖς ἄλλοις μέρεσι τοῦ κόσμου παριστάμενος καὶ συνδρῶν ὅσα πρὸς τὴν τοῦ ὅλου διαμονὴν καὶ τὴν κατ' ὀρθὸν λόγον ἀνυπαίτιον διοίκησιν.—Imitates Marius Victor, *Alethia*, Praef. 37 – 40:

> Contraria quaedam,
> si certant, plus pacis habent. Sic omnia dives
> Conditor adversis etiam cognata elementis
> nectis et a toto fusis virtutibus imples.

134 – 135 Cf. Heraclitus B 61 DK = Fr.35 Marc.: Θάλασσα ὕδωρ καθαρώτατον καὶ μιαιρώτατον· ἰχθύσι μὲν πότιμον καὶ σωτήριον, ἀνθρώποις δὲ ἄποτον καὶ ὀλέθριον; Chrysippus Περὶ προνοίας, ap. Gellium *N.A.* 7.1 – 2 *Nam cum bona malis contraria sint, utraque necessum est opposita inter sese et quasi mutuo adverso quaeque fulta nisu consistere: nullum adeo contrarium est sine contrario altero* (= *S.V.F.* II, Nr.1169).—**obest . . . prodest** : cf. Ovid *Amores* 1.8.36; *Trist.* 3.4.8; 5.1.66.—**gemino . . . periclo /** : Ovid *Fasti* 3.873.
136 – 137 Cf. Orientius *Commonitor.* 1.327 – 28:

> Nemo diu sitiens et multo sole perustus
> incumbet gelidis nec potietur aquis.

Lucret. 1.300; Verg. *Catal.* 13.3; Ovid *Ars amat.* 2.317; *Nux* 103 et saepius.—**ustus ab aestu /** : cf. Ovid *Met.* 3.413; 7.815.
137. Hyperboreas . . . pruinas / : Valer. Flacc. 8.210.
138. / iniusto . . . sub fasce viator : cf. Verg. *Georg.* 3.347 / *iniusto sub fasce viam cum carpit* [sc. *Romanus in armis*].
139. sitienti rusticus agro / : cf. v.682; Colum. *De re rust.* 7.9.6 *sitientibus agris*; Verg. *Dirae* 16 *aestu sitientia prata* /; Auson. *Mosella* 7 *sitientibus undique terris* /.
140. caeruleos angues : Verg. *Georg.* 4.482; Ovid *Met.* 3.38; Silius 2.585.
141. chelydris / : Verg. *Georg.* 2.214; 3.415; Ovid *Met.* 7.272; Lucan 9.711; Silius 1.412; 2.536; 5.354; Prud. *Symmach.* 1.130; Dracont. *De laud. Dei* 3.308.

144. vellere Serum / : cf. Verg. *Georg.* 2.121 *velleraque . . . Seres /*; Ovid *Amor.* 1.14.6.

145. eximius decor : Stat. *Silvae* 5.1.150; Tac. *Hist.* 4.83.1 [cf. *eximium decus* : Catull. 64.323; Stat. *Silvae* 3.3.113; *Achill.* 1.290].—**tergis . . . ferarum /** : cf. Verg. *Aen.* 7.20; Ovid *Met.* 14.66; Prud. *Symmach.* 1.128.

146. Singula sectari longum est : cf. Ovid *Amor.* 1.5.23; *Trist.* 3.7.43.— **munere Christi /** : Prosper *De ingratis* 532; Dracont. *De laud. Dei* 3.232.

148. quicquid variatur in herbis / : cf. Verg. *Moretum* 104 *quia tot variatur ab herbis /.*

149. certis subsistere causis : i.e., "for the benefit of man." Cf. v.575–76: *quae sine sensu / dispositos in se praebent viventibus usus*; Cic. *N.D.* 1.4 *nam et fruges et reliqua quae terra pariat, et tempestates ac temporum varietates caelique mutationes . . . a dis inmortalibus tribui generi humano putant . . . quae talia sunt, ut ea ipsa inmortales ad usum hominum fabricati paene videantur*; 2.37; 2.133; 2.154 *Restat ut doceam . . ., omnia quae sint in hoc mundo, quibus utantur homines, hominum causa facta esse et parata* (and Pease ad loc.); *S.V.F.* II, Nrr.1152–1167 ("*Animalia et plantas propter hominum utilitatem facta esse*"); Lact. *De ira* 13.1; 14.1 *mundum propter hominem machinatus est.*—**certis . . . causis** : cf. *Aetna* 510; Prop. 3.13.3 et saepius.

150. Cf. Hippocrat. *De victu* 1.18 (I, p.187.11 DK) Τὰ πλεῖστα διάφορα μάλιστα συμφέρει, τὰ δὲ ἐλάχιστον διάφορα ἥκιστα συμφέρει.

III (151–194)

God exercises the government over the world He had created (151–155). He needs no rest, for He is beyond time, and His energy is inexhaustible (156–177).

God also transcends the boundaries of space and penetrates every corner of the univers—He alone is present everywhere in His entirety (totus ubique, 183) *(178–184).*

Consequently, such a force alone can exercise full government over the universe without ever becoming tired (185–194).

153. molem mundi : Lucret. 5.96 *ruet moles et machina mundi /*; Manil. 1.107 *mundi cognoscere molem /*; Tertull. *Apologet.* 17.1 *Deus unus est, qui totam molem istam . . . de nihilo expressit in ornamentum maiestatis suae*; Arnob. *Adv. nat.* 1.9 *mole sub hac mundi*; 3.35 *universam istam molem mundi*; Augustine *Confess.* 7.1.2; 10.6.9. Cf. infra, v.739.

155. nihil est quod stare queat Factore remoto : cf. v.740 *conciderent subita in nihilum redigenda ruina*; Prosper *Epigr.* 40.7–8:

> . . . ut nihil existat naturae in partibus ullis,
> quod non Ille suo temperet arbitrio.

156. qui pigra Deo dant otia : i.e., the Epicureans. Cf. Cic. *N.D.* 1.45; 1.51 *Nihil enim agit* [sc. *deus Epicureorum*], *nullis occupationibus est inplicatus, nulla opera molitur . . . (52) Hunc deum rite beatum dixerimus, vestrum* [i.e. *Stoicorum*] *vero laboriosissimum . . . Sive in ipso mundo deus inest aliquis, qui regat, qui gubernet, qui cursus astrorum, mutationes temporum, rerum vicissitudines ordinesque conservet, terras et maria contemplans hominum commoda vitasque tueatur, ne ille est inplicatus molestis negotiis et operosis*; 2.59; 3.92 *Vos* [sc. *Stoici*] *enim ipsi dicere soletis nihil esse quod deus efficere non possit, et quidem sine labore ullo*; Ps.Aristotle *De mundo* 6, 400 b 6: Καθόλου δὲ ὅπερ ἐν νηὶ μὲν κυβερνήτης . . ., ἐν πόλει δὲ νομο⟨θέτη⟩ς, ἐν στρατοπέδῳ δὲ ἡγεμών, τοῦτο θεὸς ἐν κόσμῳ, πλὴν καθ' ὅσον τοῖς μὲν καματηρὸν τὸ ἄρχειν πολυκίνητόν τε καὶ πολυμέριμνον, τῷ δὲ ἄλυπον ἀπονόν τε καὶ πάσης κεχωρισμένον σωματικῆς ἀσθενείας.—**pigra** ... **otia** : cf. *pigra quies*: Stat. *Achill.* 1.438; *Silvae* 1.6.91; 2.2.7; 2.3.66; Martial 12.6.2; Apuleius *Metam.* 11.1.

157. curae ... **vigiles** : cf. v.741 *pervigili cura*; Ovid *Met.* 15.65; Val. Flacc. 3.447; Stat. *Silvae* 1.4.55; 3.5.2; *A.L.* 671.39; Prud. *Symmach.* 2.1022; Apul. *Metam.* 5.17; 7.6 et alibi.—**durique labores** : cf. vv.381; 871; Prosper *Ad uxorem* 75; Ennius *Ann.* 328 (345) Skutsch; Lucret. 3.999; 5.1272; 5.1359; Verg. *Georg.* 2.412; 4.114; *Aen.* 6.437; 8.291; 8.380; *Ciris* 291.

159. / O mersi in tenebras : cf. Commodian. *Instruct.* 1.23.10 / *Mergis te in tenebras, dum putas te in luce morari*; Prud. *Symmach.* 1.473 / *Inmersus tenebris*; Manil. 4.842 *immersa tenebris* / [sc. *Luna*]; Claudian 8.22 *submersa tenebris* /; 26.316.—**divinique ignis** : cf. Stoic τὸ θεῖον πῦρ, *S.V.F.* II, Nr.323a; Censorin. *De die natali* 4.10 *Zeno Citieus* ... *primosque homines ex solo, adminiculo divini ignis, id est dei providentia, genitos*; Augustine *De civ. Dei* 8.5 *Nam Stoici* ... *eumque omnino ignem deum esse putaverunt*, et saepius.

160. corporeis oculis : Iuvencus *Euang.* 1.319; Ambros. *Hexam.* 1.7.26; Rufin. *Adamant.* 2.11; Paulin. Nolan. *Carm.* 31.207.—**mente videntes /** : Ovid *Trist.* 4.2.57.

166 – 167 insomnibus [sc. curis] aegram / : cf. Verg. Aen. 1.208 *curisque ingentibus aeger* /; 12.487.—**insomnibus** ... **/** ... **curis** : cf. v.157 *curae* ... *vigiles*; Lucan 2.239; Lactant. *Phoenix* 20; Claudian 3.38; Mart. Capella 6.571; Symmach. *Epist.* 9.42.1.—**aegram** ... **/** ... **mentem** : Ovid *Trist.* 3.8.25; 4.3.21; 4.6.43; 5.2.7; *Ibis* 115; *Ex Ponto* 1.5.18; 1.6.15; [Tibull.] 3.4.19; Val. Flacc. 3.365; Silius 3.131–32; 6.205; 6.245; 7.726; 8.118; 11.55–56; 11.120; 12.497; Stat. *Silvae* 2.6.56; Paulin. Nolan. *Carm.* 27.425.

171. blanda ... **requies** : cf. Ovid *Fasti* 3.19 / *blanda quies*.

172. semper eundem / : cf. v.109 f.

174. genita et gignentia : cf. Verg. *Aen.* 9.642 *dis genite et geniture deos* (Sen. *Dial.* 6.15.1).

175 – 176 Cf. vv.799–801 and Prosper *Epigr.* 3.7–8:

> Virtus *praeteritis prior ulteriorque futuris* [sc. Deus]
> nil recipit varium, nil habet occiduum.

41.3–6:

> Utque locis praesens simul est Deus omnibus unus,
> sic aevi metas secum habet et numeros.
> Nec serum aut properum sibi sentit in ordine rerum
> *cui cuncta assistunt acta et agenda simul.*

177. sine tempore tempora condens : cf. Prosper *Epigr.* 57.1–4:

> Artifice in summo *sine tempore temporis ordo est*
> inque Deo rerum non variat series.
> Aeterno Auctori simul adsunt omnia semper:
> cum quo in factorum est ordine quicquid erit.

Dracont. *De laud. Dei* 1.430 *Iuppiter conditor aevi* /. Auson. 2.3.3–4 *Principio extremoque carens* [sc. *Deus*], *antiquior aevo,* / *quod fuit aut veniet*.

178 – 179 Cf. v.110 and Prosper *Epigr.* 103.1–4:

In Deitate gradus, mensura et tempora non sunt,
et quod idem est, maius non habet atque minus.
Corporeae longe moles formaeque recedant:
Virtus summa caret finibus et spatiis.

182 – 183 Cf. *Ps.*144.3 *Magnus Dominus et laudabilis nimis: et magnitudinis eius non est finis.*
183 – 184 qui totus ubique / et penetrat mundi membra omnia liber et ambit : cf. vv.739 – 40; Prosper *Epigr.* 82.1 – 2:

Ambitum mundi totum Deus *implet et ambit*,
nec praesens ulli desinit esse loco.

Cic. *N.D.* 2.19 *Haec ita fieri omnibus inter se concinentibus mundi partibus profecto non possent, nisi ea uno divino et continuato spiritu continerentur* (= *S. V.F.* II, Nr.473); 2.58 *Talis igitur mens mundi cum sit ob eamque causam vel prudentia vel providentia appellari recte possit (Graece enim* πρόνοια *dicitur)* ... (= *S. V.F.* I, Nr.172); *S. V.F.* II, Nr.323a τὸν Δία ... ὅλον δι᾽ ὅλης τῆς ὕλης διεληλυθότα πάντων δημιουργὸν γενέσθαι; Diog. Laert. 7.138 Τὸν δὴ κόσμον διοικεῖσθαι κατὰ νοῦν καὶ πρόνοιαν ... εἰς ἅπαν αὐτοῦ μέρος διήκοντος τοῦ νοῦ, καθάπερ ἐφ᾽ ἡμῶν τῆς ψυχῆς (= *S. V.F.* II, Nr.634); Posidonius Fr.100 Edelstein-Kidd (= Fr.350 Theiler): *Ait enim Posidonius Stoicus:* θεός ἐστι πνεῦμα νοερὸν διῆκον δι᾽ ἁπάσης οὐσίας: *"deus est spiritus rationalis per omnem diffusus materiam,"* hoc est terram, aquam, aëra, caelum; Philo *De confus. ling.* 138 Ὑπὸ δὲ τοῦ θεοῦ πεπλήρωται τὰ πάντα, περιέχοντος, οὐ περιεχομένου, ᾧ πανταχοῦ ... συμβέβηκεν εἶναι μόνῳ᾽ ... πανταχοῦ δέ, ὅτι τὰς δυνάμεις αὐτοῦ διὰ γῆς καὶ ὕδατος ἀέρος τε καὶ οὐρανοῦ τείνας μέρος οὐδὲν ἔρημον ἀπολέλοιπε τοῦ κόσμου ...; *De incorr. mundi* 235; Athenagoras *Legatio* 6.5 Marcovich: τὸ δὲ πνεῦμα αὐτοῦ [sc. τοῦ θεοῦ] διήκει δι᾽ ὅλου τοῦ κόσμου; Hippol. *Refutatio* 1.21.1 διὰ πάντων δὲ διήκειν τὴν πρόνοιαν αὐτοῦ [sc. τοῦ θεοῦ]; Verg. *Aen.* 6.724 – 27:

Principio caelum ac terras camposque liquentis
lucentemque globum lunae Titaniaque astra
spiritus intus alit, totamque infusa per artus
mens agitat molem et magno se corpore miscet.

Manil. 1.247 – 54; 4.880 – 90; 2.61 – 66:

... infusumque deum caelo terrisque fretoque
ingentem aequali moderantem foedere molem,
totumque alterno consensu vivere mundum
et rationis agi motu, cum spiritus unus
per cunctas habitet partes atque irriget orbem
omnia pervolitans corpusque animale figuret.

Apuleius *De mundo* 10 *spiritus* ... *qui animalia* ... *omnia tractus sui vitali* ... *ope vegetat*; Prudent. *Apotheosis* 638 *Deus est qui totus ubique est* /; Marius Victor *Alethia*, Precatio 16 *quia totus semper ubique es* / [sc. *Deus*]; Dracont. *De laud. Dei* 1.600 – 602:

Spiritus ille Dei, quo corpora cuncta moventur,
omnia complectens agitat, fovet, inserit, urget,
unde genus diversa trahunt et semina rerum.

2.32 – 36:

> Sanctus ubique tuus complectitur omnia, Princeps,
> spiritus, inmensam penetrans per saecula molem:
> nam quasi aër fusus sic omnia contegit implens,
> singula non partim, generaliter omnia nutrit,
> *totus ubique* iuvans et *totus ubique* ministrans.

Leo Magnus *Serm.* 23.1 *totus ubique praesens* [sc. *Dei Filius*]. Cf. M. Frickel, *Deus totus ubique simul* (Freiburger Theol. Studien, 69, 1956).

185. moderamina rerum : cf. Ovid *Met.* 6.677 *rerumque capit moderamen Erechtheus* /; Apul. *De mundo* 30 . . . *quando uno moderamine contenta omnia pensum sui operis agnoscunt curatque omnibus occulta vis*; Paulin. Nolan. *Carm.* 8.5 *aeterno . . . moderamine.*

186. placidis . . . curis : cf. Verg. *Aen.* 4.5 *nec placidam membris dat cura quietem* /; Claudian *De raptu Pros.* 1.110 *inplacidas . . . curas*; Eugen. Toletan. *Recapitulatio septem dierum* 7 – 11:

> Septimus est Domino requies his rite peractis,
> non quia Cunctipotens humano more laboret,
> actibus aut fessus quaerat requiescere tandem
> qui semper requietus agit faciensque quiescit,
> sed quod . . .

190. manifesta : i.q. *certa*, cf. v.911; Ennod. *Epist.* 2.19.2 *pater de explorata . . . virtute filii manifestus*; *T.L.L.* VIII, 310.68 – 70.

192. det . . . adimatque : cf. Verg. *Aen.* 4.244; Ovid *Met.* 8.615.—**pereuntia salvet** : cf. Dracont. *De laud. Dei* 1.606 *nec tamen intereunt pereuntia lege divina.*

194. peccata remittat / : Prosper *Epigr.* 58.7 – 8:

> corda regens, vires tribuens, peccata remittens,
> mitis subjectis, implacidus tumidis.

IV (195 – 266)

The objection, "God cares for the universe, but not for the short-lived man as well," is unfounded (195 – 207). *For after creating the universe and everything in it through His Word, God deigned to create man with His own hands, so that man may possess a greater portion of his Creator* (208 – 223).

Man was formed of two opposite principles—soul and body. Soul is immortal but can be punished by God to die, just as body can. Both must live in a perfect partnership (224 – 234).

Man is endowed with free will and reason, enabling him to distinguish between right and wrong, and thus secure his salvation (235 – 243).

Originally, man had received a part of the power of his Creator, reflecting God's light (just as a mirror does) and enabling him to return to the heavenly citadel after the death of his body (244 – 253). *And to assure man of the gifts awaiting him in the future life, God had granted many gifts to him in the present life—such as the power and rule over the animals, the knowledge of the nature, and the practice of arts* (254 – 266).

195. Omnipotenti : i.q. παντοκράτωρ (cf., e.g., Iob 34:12); cf. vv.567; 671; 741; Prosper *De ingratis* XX; 311; 755; *Epigr.* 24.1; 28.1; 30.3; 75.3 et alibi; *T.L.L.* IX, 605.42 – 606.66.

196 – 197 magna regentem [sc. Deum] / curam hominis renuisse putent : cf. Philo *De somniis* 2.116 ... ὅτι τεχνίτης οὐδεὶς ἕνεκα μέρους ποτὲ ὅλον, ἀλλ' ἕνεκα τοῦ ὅλου μέρος δημιουργεῖ· μέρος δὲ τοῦ παντὸς ἄνθρωπος, ὥστε γεγονὼς εἰς τὸ συμπλήρωμα τοῦ κόσμου δικαίως ἂν αὐτὸς ἐκείνῳ συντελοίη; Cic. *N.D.* 3.86; 2.167 *Magna di curant, parva neglegunt* (and Pease and loc.).

197 – 198 in tempora nati [sc. hominis] / exigua : cf. Prosper *Ad uxorem* 40 *exigui vitam temporis hospes ago*; *Epigr.* 17.2; 103.13 – 14.

199. oblitosque Parentis / : cf. Verg. *Aen.* 5.39 *veterum non immemor ille parentum* /; Stat. *Theb.* 9.440 *oblite parentum* /; Claudian *De raptu Pros.* 2.4 *oblita parentis* /.

200. Cf. vv.560; 565 – 569.

201. / Incomperta latent : cf. *Aetna* 547 / *incomperta iacent*; 142.

203. sublimes ... honores / : cf. Silius 14.111 *sublimis honore* /.—**aeternae gentis :** cf. Silius 1.28 *aeternam condere gentem* /.

204. / degeneri ... metu : cf. Lucan 3.149 / *degenerisque metus*.

205. / immortale decus : = Iuvencus *Euangel.* Praef.18; cf. *decus immortale*: Silius 14.341; Stat. *Theb.* 8.759; Claudian 20.282; Prud. *Symmach.* 2.757. Cf. v.220 and Prud. *Apotheos.* 170 / *inmortale bonum*.

206. Nota via est : cf. ad v.94.—**Christo ... reserante :** cf. vv.211; 562; Prosper *Epigr.* 17.1 *Caelestum in patriam Christo redimente vocatus*.

207. in se : cf. vv.485; 488; 543 – 545.

211. Christo donante : Paulin. Nolan. *Carm.* 12.35.

212. Conditor orbem / : cf. Commodian. *Instruct.* 1.27.3 *Deus conditor orbis* /; 1.26.28; 2.30.6; Corippus *Iohannis* 4.272; 7.95; Prud. *Cathem.* 12.154 *orbis conditor* /; Manil. 2.701 *mundi conditor ille* /; *T.L.L.* IV, 146.83 – 147.22.

213. pulchra ... origine : Verg. *Aen.* 1.286.

215. praebebat lumina nocti / : cf. Ovid *Met.* 1.10 *praebebat lumina Titan* /.

216 – 217 Cf. Ovid *Met.* 1.74 – 75:

> cesserunt nitidis habitandae piscibus undae,
> terra feras cepit, volucres agitabilis aër.

217. Cf. Tibull. 3.7.209 *sive ego per liquidum volucris vehar aëra pennis*; Ovid *Met.* 11.194 *liquidumque per aëra vectus* /.—**aëra pennis / :** *Ciris* 541; Ovid *Met.* 1.466; 4.677; 7.354; 7.379; 8.253; 10.159; 11.732; 15.99; *Ex Ponto* 2.7.27; Lucan 4.438; 7.835; 9.730; Auson. 2.8.9; Prud. *Hamartigen.* 816; *Psychom.* 305; Dracont. *De laud. Dei* 1.254; 1.266; Cyprian. Gallus *Heptat. Gen.* 20.

218 – 220 Cf. Ovid *Met.* 1.76 – 79:

> Sanctius his animal mentisque capacius altae
> deerat adhuc et quod dominari in cetera posset:
> natus homo est, sive hunc divino semine fecit
> ille opifex rerum, mundi melioris origo, ...

Ps.Apuleius *Asclep.* 6 *Sed de animalibus cunctis humanos tantum sensus ad divinae rationis intelligentiam exornat, erigit atque sustollit* [sc. *Spiritus*]; Dracont. *De laud. Dei* 1.329 – 31:

> Omnibus his genitis, animal rationis amicum
> forma Dei, virtute Dei limatur in artus,
> ut dominanter eat moderatior omnibus unus.

218. divina ... ratione : cf. ὁ θεῖος λόγος, e.g., Sext. Empir. *Adv. math.*

7.127; 2.129; Cic. *N.D.* 2.97 *excellenti divinaque ratione*; 2.99; 3.85; Seneca *De benef.* 4.7.1; *Epist.* 92.1.

219. optimus Auctor : cf. vv.151; 647 *bonus Auctor*; Prosper *Epigr.* 2.12; 56.6; 99.12; *De ingratis* 756 et saepius.

220. speciale decus : cf. vv.205; 868 *speciale bonum*.

221. hunc manibus : cf. v.274 and Prosper *Epigr.* 2.5 – 8:

> Namque *quod Artificis summi fecit manus,* unum est,
>   quaeque Auctore bono condita sunt, bona sunt.
> Divinum in nullo [sc. homine] figmentum despiciatur,
>   sola malis studiis addita non placeant.

Prud. *Apotheosis* 857 – 59 *creavit / nempe manus Domini corpus mortale lutumque / conposuit digitis*; 870; 1030 – 37:

>   Iusserat [sc. Deus], ut lux
>   confieret: facta est, ut iusserat. Omnia iussu
>   imperitante novas traxerunt edita formas:
>   solus homo emeruit Domini formabile dextra
>   os capere et fabro Deitatis figmine nasci.
>   Quorsum igitur limo tanta indulgentia nostro
>   contigit, ut Domini manibus tractatus honora
>   arte sacer fieret, tactu iam nobilis ipso?

Dracont. *De laud. Dei* 1.332 – 36:

>   Naturae iussit, quae protulit omnia, Princeps:
>   ast hominem non terra parit, non pontus ab undis,
>   non caelum, non astra creant, non purior aër,
>   sed dominaturum cunctis Dominator et Auctor
>   plasmavit per membra virum de pulvere factum.

222. Substantia duplex : cf. Tertull. *De paenit.* 3 *Nam cum ex hac duplicis substantiae* [sc. *corporalis et spiritalis*] *congregatione confectus homo sit* . . . ; Prud. *Psychom.* 909 *distantesque animat duplex substantia vires*.

224 – 225 expers / interitus : contrast Lucret. 3.712 . . . *natura animae nec funeris expers* /.

225. cruciabilis : cf. Lactant. *Div. instit.* 7.20.9 *si non extinguibiles in totum* [sc. *animae*], *quoniam ex Deo sint, tamen cruciabiles fiant per corporis maculam* . . .

227. terrenamque . . . domum : i.e., *corpus hominis,* cf. *T.L.L.* V, 1979.61 ff.; Seneca *Epist.* 120.14 . . . *nec domus esse hoc corpus, sed hospitium* [sc. *animi*].

230. manet exitus : Verg. *Aen.* 10.630; Ovid *Met.* 8.60; 9.726; Prud. *Dittochaei* 40.159 *Hic peccatores manet exitus*.

231 – 232 Cf. Prosper *Epigr.* 18.1 – 10 *De carnis cupiditate vincenda*; 96.1 – 12 *De bello intestino*; 102.1 – 6 *De desideriis carnis castigandis*:

> Corporeos inter sensus moribundaque membra
>   multa animus patitur carnis ab hospitio:
> quae vitae (de qua vivit) contraria quaerens,
>   legem vult mentis solvere lege sua.
> Sed prudens praesul famulam frenare rebellem
>   aeterni Regis discat ab imperio . . .

233. vinci ... et vincere : cf. v.481 and Ovid *Amor.* 3.14.47; Lucan 8.237–38; Petron. *Cena* 69 *qui vincitur vincit.*—**vincere posse / :** Ovid *Amor.* 2.5.7; *Ars amat.* 2.181.

238. liber homo : cf. vv.240; 511; 556; Prosper *De ingratis* 977 *libertate agimus, sed libertate redempta* (and Huegelmeyer ad loc., p.208).—**discernere rectis / prava :** cf. vv.286; 556; Horace *Epist.* 2.2.44 *curvo dignoscere rectum /*; Livy 9.30.2 *sine recti pravique discrimine, et saepius.*

239. discrimina rerum / : = Verg. *Aen.* 1.204; Val. Flacc. 1.217; Stat. *Theb.* 8.37; Livy 5.46.7.

240. temperat ... mens : cf. Prosper *Epigr.* 18.5 *ut moderamine temperet aequo* [sc. *mens domina hominis*].

241. ancipitis ... vitae : cf. Prosper *Epigr.* 87.1 *Ancipitis vitae qui vis superare labores* ...—**caeca inter proelia :** cf. Verg. *Aen.* 2.335; 9.518; Lucan 7.111; Val. Flacc. 5.663 *caeca ... pugna.*

243. Cf. v.392 and Prosper *Epigr.* 96.9–12:

> Sed quae mens recto famulam [i.e. corpus] sub iure tenebit,
>   edomitae ut regnet carnis in officiis,
> excelso nisi quae servit bene subdita Regi,
>   *unde est facta volens, fiat ut inde valens?*

244. patriae virtutis : cf. Auson. 2.3.28 *virtutes patrias Genitor cui* [sc. *Christo*] *tradidit omnes*; Prud. *Psychom.* 2 *patria virtute.*—**patriae virtutis imago / :** cf. Verg. *Aen.* 9.294 = 10.824 *patriae ... pietatis imago /.*

246. lumen divinum : cf. vv.459; 544; Isaiah 2:5 *et ambulemus in lumine Domini*; 1 John 1:5 *Quoniam Deus lumen est, et tenebrae in eo non sunt ullae*; John 8:12; Prud. *Peristeph.* 10.318–20:

> Lux ipse vera [sc. Deus], veri et auctor luminis,
> cum lumen esset, lumen effudit suum:
> ex luce fulgor natus hic est filius.

Apotheosis 281–82 *Quando pater et deus et lux / non lucis deus et pater est?*; Dracont. *De laud. Dei* 3.1 *Luminis aeterni lumen, lux, lucis origo* ... [sc. *Deus*]; Cic. *Aratea* 305 *lumen divinum*; Sen. *Epist.* 102.38 *lux divina, et saepius.*

247. bonis ... in artibus : cf. *T.L.L.* II, 657.84–658.21.

248. aeternam ... arcem : Stat. *Theb.* 3.246; cf. Prosper *Epigr.* 102.15 *superas ... ad arces /.*

249. res effecta : cf. Verg. *Aen.* 11.14 / *Maxima res effecta*; Prud. *Cathemer.* 11.23–24 *virtute Verbi effecta sunt / haec cuncta.*

251. Cf. Auson. 7.3.21 / *Quid volui, quod nolle bonum foret?*

253. nullisque obnoxia damnis / : = Prosper *Epigr.* 78.7 *At bona iustorum nullis obnoxia damnis*; cf. Ovid. *Met.* 15.853 *nullisque obnoxia iussis /*; *Ex Ponto* 1.8.73; Avien. *Arati Phaenom.* 298; Claudian *Carm. min.* 53.54 *nullis obnoxia fatis /.*

254. Cf. Ovid *Met.* 7.309–10 *quo sit fiducia maior / muneris huius* ...

260. sidera noctis / : = Lucret. 1.1065; Valer. Flacc. 4.82; cf. Verg. *Aen.* 3.204; Ovid *Amor.* 1.6.44; Lucan 1.526.

261. numerisque ... comprendere : cf. Verg. *Georg.* 2.104; Ovid *Ars amat.* 2.447; 3.151.

262. / scire potestates herbarum : = Verg. *Aen.* 12.396.—**nomina rebus / :** cf. Lucret. 5.72; 5.1029.

263. varias ... artes / : cf. Verg. *Georg.* 1.133; Prud. *Symmach.* 2.390 *varias agitetur ad artes /*.

264 – 265 uni / subiectum servire Deo : cf. Prud. *Peristeph.* 5.172 *solique subiectum Deo /*.

265 – 266 nec corporea vi / ... imperitare : cf. Paulin. Nolan. *Epist.* 16.2 *mundum istum corporeum vi incorporea gubernari*.

266. praefortibus : cf. Prosper *De ingratis* 352; Tertull. *De carne Christi* 5.

V (267 – 413)

The man of today fails to recognize himself in the ideal man created by God for his mind has been weakened by the effects of the original sin (267 – 274). After Satan's victory over Adam death overcame the mankind and the original sin passed from one generation to another—until the coming of the Savior Christ (275 – 302).

Nevertheless, God never ceased to exercise His providence over man, as can be demonstrated on the examples taken from the Old Testament. The pious Abel was rewarded with life everlasting in heaven (302 – 320); Enoch and Elias were transported alive from earth to heaven (321 – 328); the family of Noe alone was saved from the universal flood (329 – 345); God made His covenant with Abraham (346 – 349); Lot was saved from the destruction of Sodom (350 – 355); Joseph unjustly suffered but eventually was vindicated (356 – 376); the holy people was freed from the Egyptian yoke and led in the successful exodus by Moses (377 – 406), and so on (409 – 413).

267. non totus homo : seems to mean, "*non sanus et salvus, mente captus,*" "impaired;" compare *O.L.D.*, s.v., 5; e.g. Petron. 131.10 *ecquid hodie totus venisti?*, and perhaps Prosper *Epigr.* 102.21 – 22:

> a quo [sc. Christo] susceptum si te non ambigis esse,
> *totus homo* in Capitis corpore semper eris.

The only τέλειος ἄνθρωπος is the one redeemed in Christ.

269. a primis ... parentibus : cf. vv.209; 300; Prosper *De ingratis* 229; 576 – 77; 915; *Epigr.* 62.13; 66.6.

270. rubigine morum : cf. Prud. *Cathemer.* 7.205 *aegram pectorum rubiginem /*, and A. Blaise-H. Chirat, *Dictionnaire latin-français des auteurs chrétiens*, s.v. *robigo*.

271. corruptum ... semen : cf. Prosper *De ingratis* 486 *semine damnato*.

274. a manibus Domini : cf. ad v.221.—**afflatuque regente** : cf., e.g., Athenag. *Legat.* 16.1 θεὸς ... πνεῦμα; Tertull. *De anima* 27.7 *ex afflatu Dei anima*; *T.L.L.* I, 1229.35 – 48.

276. liber culpae : = Paulin. Nolan. *Carm.* 11.29.—**paradisi divitis** : cf. *Gen.* 2:15 *et posuit eum* [sc. *hominem*] *in paradiso voluptatis*; *Ezech.* 28:13 *In deliciis paradisi Dei fuisti*.

277. locuples virtutum fruge : cf. v.893 *scelerum dites fructu*; Prosper *De ingratis* 958 *virtutum et fruge carentes /*.

279. viperei populi princeps : cf. *Gen.* 3:1 and Prosper *De ingratis* 598; 804; 934; Paulin. Nolan. *Carm.* 29.35 *et de vipereo fortissimus hoste triumphat*.

279 – 280 alta / deiectus regione poli : cf. ad vv. 619 – 621.

282. verso ... corde : = Ovid *Fasti* 4.160.—**mutatus** : sc. *a regione poli*, "having moved from heaven to earth;" cf. Anon. *Alcestis* 60 – 61 *Ipse pater mundi ... / ... Stygii regnum mutatus* [sc. *caelo*] *obisse /* (ed. Marcovich, Leiden, Brill, 1988).

283. Cf. ad v.276.

285. pomum decerpere ramis / : Ovid *Met.* 5.536 *decerpserat arbore pomum* /;
Paulin. Nolan. *Carm.* 15.291 *decerpere ramo* /. Prosper *De ingratis* 599–600.

289–290 Cf. *Rom.* 5:12–14; Prosper *De ingratis* 155–56: *inciderit mortem pec-
cando* [sc. Adam] *suamque / progeniem culpa et leto devinxerit omnem* /; 551–52 *in quo*
[sc. Adam] *tota simul series prostrata nepotum / deperiit*; Sedulius *Hymn.* 1.5 *Unius ob
meritum cuncti periere nepotes.*—**culpa** . . . **manante** : cf. Cic. *Philipp.* 13.36 *Nonne
cernitis ex uno fonte omnia scelera manare?*; *Parad.* 22; Claudian 22.312 *crimen* . . .
manaverit.

291. virtutis ab arce / : = Prosper *De ingratis* 13; *Epigr.* 7.3; *Contra collatorem*
13.6; Ambros. *Hexameron* 3.12.51 *qui virtutum arcem tenere meruerunt*; Prud. *Symmach.* 2.210 *summae virtutis in arce.*

292. errore parentum / : = v.767; Marius Victor *Alethia* 3.497; cf. *Ciris* 240
errore parentem /.

294. Cf. Prosper *De ingratis* 889–90:

> Sed prostrata semel, quanto natura profundo
> immersa et quantae sit mole oppressa ruinae!

—**lata strage** : cf. Lucan 1.157; Livy 8.30.7.—**strage ruinam** / : cf. v.13.

295. morte peremptor / **[i.e., diabolus]** : cf. Prosper *De ingratis* 898 *cuius*
[sc. *Christi*] *perimatur morte peremptor* /; *Contra collatorem* 9.3 [*P.L.* 51, 237 A] [*Adam*]
deserens Deum et sequens diabolum: rebellis Domino servatori, et inimico obediens peremptori;
John 8:44 [*diabolus*] *homicida erat ab initio.*

296. placitos Domino : i.q. ἄνδρας θεοφιλεῖς, cf. v.317 and Prud. *Peristeph.*
7.2 *Quirinum placitum Deo* /; Auson. 7.26.8 *et saepius.*

299. vitiata . . . **natura** : cf. 290 and Prud. *Apotheosis* 1043–45:

> sed natura Dei numquam solvenda caducam
> tellurem nostro vitiatam primitus usu
> esse suam voluit, ne iam vitiabilis esset.

301. maiestate incolumi : de Christo, i.q. μεγαλειότης, μεγαλωσύνη, θειότης,
cf. vv.464; 484; Prosper *Epigr.* 62.7 *Qui Patris in deitate manens* . . .; *T.L.L.* VIII,
153.77–154.10.—**incolumi** : cf. Prosper *De ingratis* 298.

302. leti causas : cf. Ovid *Amores* 2.10.30; *Heroid.* 7.64; Prud. *Peristeph.* 10.90
et alibi.—**leti** . . . **semina** : cf. Prosper *Epigr.* 81.4; *De ingratis* 68.

303. perpetuam . . . **curam** : cf. Cic. *Ep. ad famil.* 6.13.2; Livy 3.59.3;
Augustine *De civ. Dei* 3.28 et alibi.

304. exemplis ab origine . . . **petitis** : No argument in Greek or Latin poetry
may be without the *exempla priorum*—a rhetorical device as old as Homer (*Iliad*
5.385–404). Christian poetry is no exception to this rule, only that the examples
come from Old and New Testament.

305. onerans altaria donis / : cf. Verg. *Aen.* 5.101 / *dona ferunt, onerant aras*;
11.50 *cumulatque altaria donis* /; 5.54 *strueremque suis altaria donis* /; *C.L.E.* 903.3 *haec
Damasus cumulat supplex altaria donis* /; Lucret. 4.1237 *adolentque altaria donis* /; 6.752
fumant altaria donis /.

306. ovium grege : cf. Paulin. Nolan. *Carm.* 14.131; Prud. *Peristeph.* 10.830;
Itala *Gen.* 31:41; *Deut.* 28:4; Varro *De re rust.* 2.1.16.

309–310 virus amarum / **invidia** : cf. Verg. *Aen.* 11.336–37 *quem gloria
Turni / obliqua invidia stimulisque agitabat amaris* /; Prosper *De ingratis* 808 *et gustu
virus detexit amaro* /.

311. sermone benigno : = Horace *Epist.* 1.5.11.

313. formamque dedit : i.q. *regulam, normam, praeceptum*, cf. *T.L.L.* VI, 1085.82 – 1086.55.

314. insanae . . . irae : cf. Prud. *Symmach.* 2.673 / *insanam pavit rabiem*; Seneca *De ira* 1.1.3 *non esse sanos quos ira possedit*; 3.1.5 *ira . . . insana*; Prosper *De ingratis* 692 *insana impietas*.

315. facinus crudele : cf. *Rhet. ad Her.* 2.30.49; Cic. *Ep. ad Brutum* 2.3; *Bell. Hisp.* 15.5; Sallust. *Catil.* 11.4; Firm. Matern. *De errore* 6.6; Ovid *Fasti* 1.249 *facinus mortale fugarat* /.

316. primordia mundi / : = Ovid *Met.* 15.67; *Bucolica Einsidlensia* 1.24; Claudian 17.253; Marius Victor *Alethia*, Precatio 107 and 2.1.

317. caede nefanda / : = Ovid *Met.* 15.174; cf. Livy 24.33.6; 41.11.5; Curt. Rufus 8.2.2; *Octavia* 266; Lucan 4.259 – 60; Silius 10.585; Claudian 3.250.

318. finis acerbi : cf. *mors acerba*: Publil. Syrus M 52; Cic. *Ep. ad famil.* 4.12.2; 11.28.4 et alibi; Livy 7.1.9; Seneca *Dial.* 6.16.4; Apul. *Metam.* 7.27; Silius 17.457 *leto . . . acerbo* /.

320. aeterni . . . honoris : cf. vv.203; 758; 846; 911; 943; Vulgata *Baruch* 5:2; *Ciris* 100; Horace *Carm.* 2.1.15; Martial 1.116.1.

321. Enoch : cf. ad v.327 *Helim*.

324. spemque inconcussam caperet : cf. Seneca *Epist.* 44.7 *solida securitas et eius inconcussa fiducia*; Augustine *In Psalm.* 17.43 *a spe firma et inconcussa*.—**substantia carnis / :** cf. Prosper *De ingratis* 491 *substantia mentis* /.

327 – 328 Cf. Auson. 2.3.40 – 42 = Paulin. Nolan. *Carm.* 5.40 – 42:

> . . . qua proceres abiere pii quaque integer olim
> raptus quadriiugo penetrat super aëra curru
> Elias et solido cum corpore praevius Enoch.

Prud. *Cathemer.* 7.31 – 32 *Sed mox in auras igneis iugalibus / curruque raptus evolavit praepete* [sc. *Helias*].—**raptum . . . per inane** : *Culex* 212 *rapior per inania ventis* /.— **aethera curru / :** = Ovid *Met.* 2.135; 7.219.

330. pietate relicta / : cf. Lucan 6.155 *pietate remota* /; Prud. *Symmach.* 1.521 *pietate repulsa* /; Claudian *Carm. min.* 25.78 / *posthabita pietate*.

331. dira . . . monstra : Silius 6.204; Avien. *Arati Phaen.* 1301.—**toris vetitis** : cf. Ovid *Trist.* 2.346 *vetitos sollicitare toros* /; Verg. *Aen.* 6.623 *vetitosque hymenaeos* /; Lucan 10.76 / *inclicitosque toros* = Dracont. *De laud. Dei* 3.355; *Romulea* 2.37.—**monstra Gigantas / :** = Ovid *Fasti* 5.35 *immania monstra, Gigantas* /.

332. mundi exitium : cf. Prud. *Hamartigen.* 206 – 07; Cic. *Catil.* 1.9; Apul. *Metam.* 4.34 et saepius.

334. scelerum seriem : cf. *Octavia* 143 *series facinorum*.

340 – 338 *conclusis* presupposes the mention of *arca*.

342. fractus morbis : cf. Ovid *Met.* 13.52 *fractus morboque fameque* /.

343. idem homo : For the idea of all men being represented by Adam, cf., e.g., Euseb. *Praep ev.* 7.8 (307 C) τὸν πάντα ἄνθρωπον τῇ τοῦ Ἀδὰμ ἐπωνυμίᾳ σημαίνειν; Apollinarius Laodic. *Epist. ad Basilium* 1 (*P.G.* 32, 1101 D) πάντες ἄνθρωποι Ἀδάμ ἐσμεν, εἷς ὄντες; Greg. Nazianz. *Carmina* 1.2.38.158 ff.; Procopius Gaz. *Comm. in Gen.* 1:27; *Comm. in Is.* 7:10 ff.

344. Deo iusto . . . iudice : cf. v.371; *Psalm* 7:12; Prosper *Epigr.* 73.4; 99.11; *C.L.E.* 543.5 et saepius.

345. in clade malorum / : = Dracont. *De laud. Dei* 3.676.

347. credulus : i.q. *"qui in Deum credit; fidelis,"* cf. Hilarius *Hymn.* 1.35; Prud. *Apotheos.* 576; *T.L.L.* IV, 1152.72–1153.3.

347–348 Abram, / multorum ... genitor populorum : cf. *Gen.* 17:5 *Nec ultra vocabitur nomen tuum Abram, sed appellaberis Abrāhām, quia patrem multarum gentium constitui te;* Jerome, *Abraham = pater multitudinis;* Isidor *Orig.* 7.7.2.

350. igneus imber / : = Paulin. Nolan. *Carm.* 28.92; Tertull. *Apologet.* 40.7; Ps.Ambros. *De lapsu virginis* 9.41; Rufinus *Hist. eccl.* 1.1.

352. ira Dei : cf. Prosper *Epigr.* 47.3; Ovid *Trist.* 1.5.84; 1.10.42; 5.12.14; *Ex Ponto* 1.4.44; *Fasti* 4.230 et saepius.

356. regna teneret / : cf. Ovid *Met.* 5.277; 10.15; 10.35; 11.284; 13.649 et saepius.

357. dira fames : Verg. *Aen.* 3.256; Ovid *Met.* 8.845; 11.371.

358–359 Cf. Io. Chrysost. *De provid. Dei* 8.4 and Malingrey ad loc.

360. populi incrementa futuri / : = Ovid *Met.* 3.103 *vipereos dentes, populi incrementa futuri.*

364. obscuri ... aenigmate somni : cf. Cicero *De divin.* 2.132 *Iam vero quo pertinent obscuritates et aenigmata somniorum?*

365. dignatur honore : cf. Ovid *Met.* 1.194; 3.531; 8.569; 13.949; *Ex Ponto* 2.9.23 et alibi.

366. Hebraea iuventus / : cf. Verg. *Aen.* 1.699 *Troiana iuventus /* et alibi; Ovid *Ars amat.* 1.459 *Romana iuventus /*; Statius *Theb.* 9.706 *Thebana iuventus /* et saepius.

367. Cf. Prud. *Dittochaei* 7.28 *agnoscunt fratrem* [i.e. Ioseph] *veniaque pudescunt /.* —**cognoscere fratrem /** : cf. Lucret. 2.349 = Verg. *Ecl.* 4.60 *cognoscere matrem /.*

369. resque ... dedignantem : cf. Prud. *Hamartigen.* 954–55 *sint illic casta virorum / agmina, pulvereum quae dedignantia censum ...*

372. infidas ... mentes : cf. v.90 and Silius 2.381; Avienus *Arati Phaen.* 334; Claudian 18.129; *A.L.* 666.18; Iustinus *Epitome* 11.1.6.

373. tempore in isto / : = Prosper *Epigr.* 27.1. Cf. v.498.

374. libertate potitos : cf. Livy 24.14.5; Apuleius *Metam.* 4.20.3

375. exiguo in spatio [sc. vitae] : cf. Gellius 14.1.5 *in tam brevi exiguoque vitae spatio;* Apul. *Metam.* 2.28 *exiguum vitae spatium; C.L.E.* 996.3 *exiguo vitae spatio;* Augustine *De civ. Dei* 12.13.—**iusti patiantur iniquos** : cf. vv.795–97 and Prosper *Epigr.* 34.3–4:

> Ut Christi famulis ad verum prosit honorem
> dilexisse bonos et tolerasse malos.

376. Cf. vv.762–64; 787–90; Prosper *Epigr.* 4.1–4.

377. saevo ... tyranno / : = v.944; Ovid *Met.* 6.581; *Octavia* 88; Juvenal 7.151; 10.307; Prud. *Symmach.* 2.875 *mens hominum saevo vivens captiva tyranno.*

378. regis ... acerbi : Seneca *De clementia* 1.13.1.

379. maestarum et matrum : cf. Ovid *Met.* 6.491; *Heroid.* 13.26; 15.153.

381. durus labor : cf. ad v.157.—**saevae inclementia mortis /** : cf. Verg. *Georg.* 3.68 *et labor, et durae rapit inclementia mortis /;* Iuvencus *Euangel.* 4.26 *gelidae inclementia mortis /.*

388. Cf. *Numeri* 14:34 καὶ γνώσεσθε τὸν θυμὸν τῆς ὀργῆς μου (*et scietis ultionem meam*).—**excitam ... iram** : cf. Stat. *Theb.* 2.132; Prud. *Peristeph.* 3.96; Jerome *Epist.* 1.6.2.

389. caelestia tela / : cf. ad v.91.

390. obsequium simulat : Tacit. *Ann.* 12.47.1; *Hist.* 4.56.8.

393. Donec vi victus : = Verg. *Aen.* 12.254; cf. Ovid *Ars amat.* 1.700 *vinci viri-*

bus.—**fera iura tyrannus /** : cf. v.750 and Prosper *Epigr.* 65.7 *perque habitum servi vacuaret iura tyranni* [sc. Christus].

394. ditia . . . gazis : cf. Iuvencus *Euangel.* 3.522 *divite gazā* /; Prud. *Psychom.* Praef.24 *gaza dives*; Horace *Carm.* 1.29.1–2; Curtius 5.1.10.

396. / per deserta : = Verg. *Aen.* 11.514.

397. commoda castris / : = Stat. *Silvae* 5.2.42.

399. discutiens . . . tenebras : Lucret. 1.146–48; 2.59–61; 3.91–93; 6.39–41; Ovid *Met.* 11.522; Seneca *Thyest.* 896–97; *De benef.* 3.32.2; *Epist.* 49.11; Apuleius *Asclep.* 29; Tertull. *Adv. Marcionem* 4.22; Prud. *Peristeph.* 13.26 / *discutit et tenebras*.

400. / Quid loquar? : = Prosper *De ingratis* 61; Prud. *Hamartigen.* 230; *Symmach.* 1.271; *Peristeph.* 1.112; Verg. *Ecl.* 6.74; Ovid *Heroid.* 18.39; *Trist.* 2.399; 3.10.25; 5.10.5 et alibi.

402. / instar montis aquas : Verg. 2.15 / *instar montis*; 1.105 *aquae mons* /; Prud. *Psychom.* 654 / *mons rueret pendentis aquae.*—**vacuo cessisse profundo /** : cf. Lucret. 1.1108 *per inane profundum* /; Prud. *Hamartigen.* 471 *aequoreum pelago cedente profundum* /.

403. tot milia plebis / : cf. Verg. *Aen.* 9.132 = Silius 1.340 *tot milia gentes* /; Lucan 2.208 *tot milia volgi* /; 4.470.

405. Auctori . . . potenti / : cf. Verg. *Georg.* 1.27 / *auctorem frugum tempestatumque potentem* [sc. Caesarem].

407–408 Cf. Verg. *Aen.* 6.625–27:

> Non, mihi si linguae centum sint oraque centum,
> ferrea vox, omnis scelerum comprendere formas,
> omnia poenarum percurrere nomina possim.

—**virtutum** : i.q. *miraculorum*, δυνάμεων: cf. Blaise, *Dictionnaire*, s.v., 4.

409. miracula rerum / : = Verg. *Georg.* 4.441; Manil. 1.103; Prud. *Apotheos.* 138; cf. Iuvencus *Euangel.* 2.123; 2.639; 3.675; 4.402; 4.778; Paulin. Nolan. *Carm.* 20.311; Phocas *Carmen de Vergilio* 32.

410. in caeli pane : cf. Prosper *Epigr.* Praef. 2.

411. siccae rupis aquam : cf. Prosper *Epigr.* Praef. 8 *qui siccam rupem fundere iussit aquas*; Verg. *Aen.* 5.180.

VI (414–472)

God manifested His care for man even before giving the Law to Moses—by implanting the idea of the natural law in the heart of every man. That is why some men lived a holy life even before the giving of the Law (414–433).

The reason for giving the Law to Moses was to provide the holy people with an additional support in keeping their faith in God and thus becoming heirs to the promise made by God to Abraham. However, every people was free to join the holy people in the true faith (434–447).

God's providence extending to every race, nation or human condition is best demonstrated in the salvific mission of Christ. Through His incarnation, Christ destroyed death and brought humanity to a new beginning (448–472).

416. vitae foedera : i.q. *leges, praecepta*, cf., e.g., Lucret. 6.906; Verg. *Georg.* 1.60; *Aen.* 1.62; Ovid *Met.* 5.532; *T.L.L.* VI, 1006.7; *O.L.D.*, s.v., 5.

417. tot saecula mundi : cf. Lucan 1.73 / *saecula tot mundi.*

418. ius . . . aequum : cf. Cicero *Verr.* 2.38; Livy 3.53.9; 6.37.4; 21.3.6; 38.50.9; Seneca *Epist.* 86.2 *aequum inter omnes cives ius sit,* et saepius.

419. penetralia mentis : cf. v.916; Prosper *Epigr.* 51.5; Statius *Silvae* 3.5.56 *animi penetralibus imis /;* Apul. *Metam.* 3.15 *pectoris tui penetralibus;* Iuvencus *Euangel.* 4.43 *penetralia mentis /;* 4.7; Claudian *De raptu Pros.* 1.215 *mentis penetralia nudat /;* Prud. *Hamartigen.* 542; Paulin. Nolan. *Carm.* 6.237 *sacrae ad penetralia mentis /; Appendix* 2.17; *Epist.* 11.7.

420. incisos apices : i.q. *litteras:* Hegesipp. *Fl. Ios.* 5.34.2 *impressi illi ante fores templi apices elementorum; T.L.L.* I, 227.70 ff.—**scripta volumina cordis / :** Prosper *De ingratis* 16 – 17 *lexque insita cordibus intus / hoc moneat quod scripta foris;* 506 *quam* [sc. *legem*] *scripti munibat pagina cordis /;* Iuvencus *Euangel.* 1.213 *volumina cordis /;* 2 *Cor.* 3:2 – 3 [*epistola scripta*] *non in tabulis lapideis, sed in tabulis cordis carnalibus.*

421. genitam vobiscum . . . legem : cf., e.g., Cic. *De legg.* 1.18 *lex est ratio summa, insita in natura, quae iubet ea quae facienda sunt prohibetque contraria. Eadem ratio, cum est in hominis mente confirmata et confecta, lex est; N.D.* 1.36 *Zeno autem . . . naturalem legem divinam esse censet, eamque vim obtinere recta imperantem prohibentemque contraria* (and Pease ad loc.); Diog. Laert. 7.88; Aristotle *Rhet.* 1368 b 7; 1373 b 4, et saepius; *O.L.D.,* s.v. *ius naturae,* 8 c.—Cf. Io. Chrysost. *De provid. Dei* 8.1.

422. belua ponti / : Ovid *Met.* 4.689; 5.18; Silius 15.784; cf. Horace *Carm.* 3.27.27; Seneca *Phaedra* 351; Lucan 8.764; Germanicus *Arat.* 362.

424. Cf. Publil. Syrus E 10: *Etiam qui faciunt oderunt iniuriam;* Plato *Republic* 1, 352 c 4.

427 – 428 semine recti / nemo caret : cf. Cic. *De finibus* 4.17 *inesse in his* [sc. *animi bonis*] *iustitiae semina.*

430. / qui placidum . . . agerent . . . aevum : Lucret. 2.1094 / *quae placidum degunt aevom.*—**sanctis . . . in moribus :** cf. v.580 and Prosper *Epigr.* 29.1 *Moribus in sanctis pulchra est concordia pacis.*

431. summi Patris : Statius *Theb.* 9.22 (Iuppiter); Claudian 8.206 (Iupp.); Prud. *Cathemer.* 12.81; *Apotheos.* 90; 101; 254 et alibi.—**iuris egeni / :** Dracont. *Orest.* 894 *Orestem . . . humani iuris egenum /.*

435. praesenti . . . poena : "a prompt, instant, immediate punishment:" cf. Cic. *De div.* 2.122 *praesens enim poena sit; De legg.* 2.25 *praesentis poenae metu religio confirmari videtur; O.L.D.,* s.v., 6.—**crimina poena /:** cf. Marius Victor *Alethia* 2.63 *et cum damnarer iusta pro crimine poena /.*

440. limina templi / : = Ovid *Fasti* 6.481; Lucan 5.155; Statius *Theb.* 1.641.

441. Dei monitu : Iuvencus *Euangel.* 1.160; Verg. *Aen.* 6.533; Ovid *Heroid.* 15.17; *Ex Ponto* 3.4.113; Lucan 9.545 et alibi.

443. regina Austri : = Prud. *Dittochaei* 21.82.—**cupidis . . . / auribus :** cf. Catull. 61.54 *cupido . . . aure.*

445. Ninive : cf. Tertull. *De ieiunio* 7; *Adv. Marcionem* 2.17; 2.24.

447. morum [sc. *malorum*] **excidio :** cf. Ionas 3:8 *et convertatur vir a via sua mala, et ab iniquitate, quae est in manibus eorum.*

448. Cf. Horace *Epist.* 2.1.4 / *si longo sermone morer.*

456 – 457 Cf. Hippolyt. *Refutatio* 10.34.1; Prud. *Cathemer.* 12.201 – 203:

> Gaudete, quidquid gentium est:
> Iudaea, Roma et Graecia,
> Aegypte, Thrax, Persa, Scytha:
> Rex unus [sc. Christus] omnes possidet.

458. distantia : "difference," διαφορά, cf. Prud. *Hamartigen*. 352; *Symmach*. 2.165 *Nonne hominem ac pecudem distantia separat una,* / *quod* ...; Blaise, *Dictionnaire*, s.v.

460. Namque velut speculum mens est : cf. v.246 *ceu speculo*; Prosper *Epigr*. 69.14 *sit* [sc. *sapiens*] *forma et speculum, lux et imago Dei*; Paulin. Nolan. *Carm*. 24.455 *speculumque mentis*; Prud. *Apotheos*. 834 / *Sed speculum deitatis homo est*; Augustine *In euang. Ioann*. 14:7 *in speculo mentis*.

461. Cf. vv.245–46.—**radiisque ... supernis** : cf. Leo Magnus *Serm*. 74.2 *radii superni*.

462. confessi : i.q. *manifesti*, cf., e.g., Cic. *Verr*. 4.130; Sen. *Epist*. 85.24 and *T.L.L*. IV, 232.44–71.—**imagine Christi** : cf. *Rom*. 8:29; Prud. *Apotheos*. 309 *Christus forma Patris, nos Christi forma et imago*; Dracont. *De laud. Dei* 1.525 *Christi ... imago* [sc. *homo*].

463–464 inque paterna / maiestate manens : cf. vv.301; 484; Prosper *Epigr*. 62.7; Prud. *Apotheos*. 118–19 *nec pars vacat ulla* / *maiestate Patris*; *Psychom*. 80–81 *maiestate quidem non degenerante per usum* / *carnis*.

464–465 miscetur conditioni / humanae : cf. v.161; *Rom*. 8:3; *Philipp*. 2:7; *Hebr*. 2:14; Prosper *Epigr*. 18.2 *nec de corporea conditione gemat*.

465. et Verbum caro fit : John 1:14; Prosper *De ingratis* 891–92:

> Verbum homo fit rerumque Sator sub conditione
> servilis formae [*Phil.* 2:7] dignatur Virgine nasci.

Prud. *Cathemer*. 3.141 / *Fit caro vivida Sermo Patris*; *Psychom*. 78–79 *Verbum quippe caro factum non destitit esse* / *quod fuerat, Verbum,* ...; Filastr. 70.1; Ambros. *Hymni* 1.4.7, et alibi.—**rerumque Creator [sc. Christus]** : cf. Prosper *De ingratis* 891 *rerumque Sator*; Prud. *Peristeph*. 10.469 / *rerum Creator* [sc. Christus].

466. Conditor aevi / : cf. Claudian *Carm. min*. 32.1 *Christe potens rerum, redeuntis conditor aevi*; Dracont. *De laud. Dei* 1.430; Ps.Damasus *Epigr*. 65.1.

467. volumina vatum / : = Horace *Epist*. 2.1.26; Prud. *Apotheos*. 219 *voluminibus vatum*.

469. / **ultima ... aetas** / : = Verg. *Ecl*. 4.4.

470. morte perempta / : cf. vv.295; 487 *pereat mihi mors*; Prosper *De ingratis* 898 *cuius* [sc. *Christi*] *perimatur morte peremptor* /; *Epigr*. 65.8 *et letum leto vinceret innocuo*; Verg. *Aen*. 6.163 *indigna morte peremptus* /; Auson. 6.8.3; Dracont. *De laud. Dei* 1.649; 3.51 et alibi.

471. inferni leges : cf. Propert. 4.11.3 *infernas ... leges*; Manil. 1.327; *A.L*. 415.45.—**longamque ruinam** : cf. Dracont. *De laud. Dei* 3.715.

VII (473–549)

One must correctly understand the two natures of Christ: He is both God and Man (473–479). Man can overcome death only through his union with Christ as Man, for Christ is Life everlasting (480–488). For Adam transmitted sin and death to all his descendants. Christ, the new Man free of sin, brought man from death to life by submitting to death. But man must first receive Christ in his heart (489–499).

Man may become a son of God provided that he rejects the old flesh of his forefathers and renounces to all that belongs to this world (500–509). Christ submitted humbly to suffering and death on the cross in order to destroy the sting of death through His resurrection (510–541).

Consequently, in His hypostatic union Christ remains both God and Man. One can share in Christ's company, light and glory only if he shares in Christ's cross as well (542 – 549).

473. hominisque Deique / : cf. Verg. *Aen.* 1.229; 2.745; Ovid *Amores* 1.2.37; *Ars amat.* 3.653; *Ex ponto* 2.9.53; Homer *Iliad* 1.544 et saepius.

474. angusti . . . tramitis : Seneca *Phoen.* 228; Mela 2.48; Claudian 20.422 *per ignotas angusto tramite valles /*; Prosper *Epigr.* 19.4 *angusto . . . limite.*

475. firma tene . . . vestigia : cf. Verg. *Aen.* 3.659 *et vestigia firmat /*; Claudian 7.39; Prud. *Apotheos.* 656.—**trepidantem :** i.q. *vacillantem,* cf. Ambros. *De paradiso* 8.41 . . . *si permisit* [sc. *Deus*] *nostrum materiale temptari quadam trepidatione fragilitatis humanae . . . quod tam facile a divinorum mandatorum serie deviando trepidaverit . . .*

476. / alterutram in partem : = Lucret. 5.589.—**devius error :** cf. *Ecl. Cod. Theodos.* 16.6.3 [a.D. 405]; Boethius *Consol.* 3.12.14; Prosper *Epigr.* 13.3 *a sensu doctrinae devius errat /.*

477. operum miracula divinorum / : cf. Marius Victor *Alethia.* 1.428 *dum secretorum miracula divinorum /.*

478. / suscipias : = Prosper *De ingratis* 137; 994.

479. sine Numine : hoc loco Lucret. 2.168; Verg. *Aen.* 2.777; 6.368; Ovid *Met.* 11.263.

480 – 482 morsque subactum / detinet . . . / si non vera . . . : cf. Prosper *De ingratis* 531 – 33 *morsque subactum / detineat, nisi vera salus ex munere Christi / adsit.*

481 – 482 Cf. Prosper *De ingratis* 552 – 53 *nec habet quisquam quo surgere possit / ad vitam, sacro nisi rursum nascitur ortu.*—**victus vincere :** cf. v.233 and Plaut. *Cas.* 50 *iam victi vicimus*; Lucan 4.362 *hoc petimus, victos ne tecum vincere cogas.*

482. vera Dei Virtus : i.e. *Iesus.* Cf. 1 *Cor.* 1:24 Χριστὸν θεοῦ δύναμιν καὶ θεοῦ σοφίαν; Justin 1 *Apol.* 23.2; 33.6; *Dial.* 61.1; 61.3; 105.1; 128.4; Tatian *Orat.* 5; Theophil. *Ad Autol.* 2.10; Prud. *Peristeph.* 413 – 14 *O Christe . . . / . . . o virtus Patris*; 5.473; *Apotheos.* 568; 1058; *Psychom.* 68; *Symmach.* 2.745 *Hic Christus nobis Deus adfuit et mera virtus*; Lampe, *A Patristic Greek Lexicon,* s.v. δύναμις, VI, B, 12; *Blaise, Dictionnaire,* s.v. *virtus,* 5, et alibi.

483. vera . . . carne : cf. Tertull. *Adv. Marcionem* 3.10 *in veritate carnis*; 5.4 *non putativam, sed veram et solidam carnem*; Avitus *Contra Arrianum* 28 *veritas carnis*; *Contra Eutychem* 2 *caro vera*; Corippus *In laudem Iustini* 2.59 *verae sese velamine carnis induit* [sc. *Christus*]; *T.L.L.* III, 487.25 – 30.

484. maiestas stabilis : cf. ad vv.301; 464.

485. dum mutor in Illum : cf. vv.207; 483; 697; 963; *Rom.* 12:5 *Ita multi unum corpus sumus in Christo . . .*

488. qui se mihi miscuit in se : cf. v.965 and Prosper *Ad uxorem* 85 – 86:

> sed quod erat vitiatum in me, ut superaret in Illo,
> factus sum Christi corpus, Ille mei.

489. terrenus Adam : cf. *adāmāh* = "earth", Jerome *Nomina Hebr.* p.2.17 Lagarde = Isidore *Orig.* 7.6.4 *Adam, homo, sive terrenus . . .*; *Gen.* 2:7; 3:19; *Sap.* 7:1; 1 *Cor.* 15:47 *Primus homo de terra, terrenus; secundus homo de caelo, caelestis*; Prud. *Hamartigen.* 12 / *exterior terrenus homo est*; *Cathemer.* 3.138.

491. transgressoris : cf. Prosper *Epigr.* 80.1.

492. Sed novus e caelis : cf. Verg. *Ecl.* 4.7 *iam nova progenies caelo demittitur alto*; Prud. *Cathemer.* 3.136 – 37 *Ecce venit nova progenies /, aethere proditus alter homo* [i.e. Christus].—**Virginis alvum / :** = Prud. *Apotheos.* 106; 1013.

493. / **natus homo est** : = Ovid *Met.* 1.78.—**aliudque ... / fecit princi-pium** : cf. καινὴ κτίσις 2 *Cor.* 5:17; *Gal.* 6:15.

494. carnemque refusus in omnem : cf. Tertull. *De carne Christi* 16 *idcirco Christum terreni census induisse carnem, ut evacuaret in semetipso carnem peccati*; Augustine *De civ. Dei* 16.29 *indumentum carnis*; Lampe, *Lexicon*, s.v. ἔνδυμα, 2, d.

496. creavit : i.q. *recreavit.* Cf. vv.499 *renovat*; 963 *in Christi renovemur corpus*; 2 *Cor.* 5:17; Augustine *In euangel. Ioannis* 38.8 *Creator et Recreator, Factor et Refactor* [sc. Christus].

497. gratia : i.e. *gratia Christi*, cf. Prosper *De ingratis* 17; 92; 165; 240; 251; 272; 299; 331; 367; 533; 637; 796; 927; 979; *Epigr.* 16.3; 44.5; 92.2.

499. renovat ... Christus : cf. vv.694; 963; Prosper *De ingratis* 515.—**corde receptus** : cf. *Ephes.* 3:17 *Christum habitare per fidem in cordibus vestris.*

501. filius esse Dei, si vis, potes : cf. *Rom.* 8:16–17; *Gal.* 4:7.

501–502 omnipotens te / Spiritus umbratum Verbi virtute creavit : cf. v.694 *Nam quoscumque sacro renovavit Spiritus amne*; Prosper *Epigr.* 16.3–6:

> Salvatrix autem cunctorum *gratia Christi*
>   non pensans meritum, diluit omne malum,
>   credentesque omnes *renovans baptismate sacro*,
>   dat bona, quae propter det meliora bonis.

De ingratis 464–65 *Anne ab aquis divina manus renovare receptos / incipit ...?*; *Rom.* 6:3–4 *An ignoratis quia quicumque baptizati sumus in Christo Jesu, in morte ipsius baptizati sumus? Consepulti enim sumus cum illo per batismum in mortem: ut quomodo Christus surrexit a mortuis per gloriam Patris, ita et nos in novitate vitae ambulemus.*—**omni-potens ... / Spiritus** [sc. sanctus] : cf. Ambrosius *De Spiritu sancto* 3.22.169; Maximin. *Contra Ambros.* 138; Sidon. Apollin. *Epist.* 7.9.15.—**umbratum** : cf. Luke 1:35 *Spiritus sanctus superveniet in te, et virtus Altissimi obumbrabit tibi*; Iuvencus *Euangel.* 1.68–69.—**creavit** : i.q. *recreavit*, cf. ad. v.496.

504. pereant captiva exordia carnis : cf. *Rom.* 6:6 and Prud. *Apotheos.* 169–170 [sc. *nunc nova materies*]:

> exuit antiquae corrupta exordia vitae,
> inmortale bonum proprio spiramine sumens.

505. Nil veteris coniunge novo : cf. Prosper *Epigr.* 62.11–14:

> In quo [sc. Christo] per lavacrum, fidei virtute renata
>   caeleste accipiet gens nova principium,
>   *nil hominis primi retinens*, sed plena secundi,
>   splendore in Capitis glorificanda sui.

103.19–20:

> Nulla in te maneant hominis vestigia primi,
> nec formam veteris gestet imago novi.

509. cedatque tibi pars ipse Redemptor : cf. Prosper *Epigr.* 103.21–22:

> Exsulta agnoscens te Verbi in carne renatum,
> cuius si pars es, *pars tua Christus erit.*

65.5; 66.16.

510. Nec te difficilis ... legis : cf. 1 John 5:3 *et mandata eius* [sc. *Dei*] *gravia non sunt*; *Deut.* 30:11.

511. sub durum iubet ire iugum : cf. Mt. 11:30 *Iugum enim meum suave est, et onus meum leve*; Prosper *Ad uxorem* 47 – 48:

> Non tamen haec gravis est mansueto sarcina dorso,
> nec laedit *blandum* mitia colla *iugum*.

—durum . . . iugum : cf. Ovid *Ex Ponto* 3.7.16; Prud. *Hamartig.* 429; Augustine *De civ. Dei* 16.43 et alibi.—**mens libera** : cf. Prosper *De ingratis* 514; 887; Prud. *Hemartigen.* 686; Dracont. *De laud. Dei.* 2.622 *libera mens hominum est peccare aut vivere sancte*; Cic. *De divin.* 2.101; Seneca *De benef.* 3.20.1 et saepius.

512. Spiritus almus / : = Prosper *Epigr.* 3.3; 65.1; Marius Victor *Alethia*, Precatio 124; 1.5 – 6 et alibi. Cf. Iren. *Adv. haer.* 4.63.2 *Patre quidem bene sentiente et iubente, Filio vero ministrante et formante, Spiritu vero nutriente et augente*; John 6:63; 1 Cor. 15:45; 2 Cor. 3:6 *spiritus vivificans*; Prosper *Epigr.* 22.4 *quisve hominis mentem spiritus intus alit* (Verg. *Aen.* 6.726).

513. describat sanguine Christi [sc. Spiritus] : cf. 2 Cor. 3:3 *epistola estis Christi . . . scripta non atramento, sed spiritu Dei vivi*; *Ephes.* 2:13; 1 *Petri* 1:2; Prud. *Apotheos.* 432 et saepius.

515. factis praecepta coaequans : cf. Homer *Iliad* 19.242; ἅμ᾽ ἔπος, ἅμ᾽ ἔργον, *dictum factum*, A. Otto, *Die Sprichwörter der Römer* (Leipzig 1898), No.529.

516. rerum Dominus : cf. v.616; Vergil *Aen.* 1.282; Ovid *Ex Ponto* 2.2.12; Prud. *Apotheos.* 227; Claudian *Carm. min.* 32.1 / *Christe potens rerum*; Prosper *Epigr.* 82.9 *rerum Dominator*, et saepius.

519 – 525 Cf. Prosper *De ingratis* 894 – 98:

> Vexatur virtus, sapientia ludificatur.
> iustitia iniustos tolerat, clementia saevos;
> gloria contemptum subit et tormenta potestas,
> inque crucis poenam nulli violabilis usquam
> vita agitur . . .

Ad uxorem 79 – 82:

> Ille Deus, rerum, caeli terraeque Creator,
> me propter sacra Virgine natus homo est.
> Flagris dorsa, alapis maxillas, ora salivis
> praebuit, et figi se cruce non renuit.

520. Sacrilegis manibus : cf. Prud. *Apotheos.* 199; Ovid *Amores* 1.7.28; *Fasti* 3.700; *Met*; 14.539; Cic. *Verr.* 1.47; Livy 29.18.8; Pliny *N.H.* 2.159 et saepius.

521. convicia linguae / : = Ovid *Met.* 11.601.

523. ministerium : i.q. *instrumentum*, cf. Tacit. *Hist.* 4.81.2; Hilarius *In Psalm.* 128.3 *Iudas . . . ministerium diaboli fuit*; *T.L.L.* VIII, 1014.8 – 11; Blaise, *Dictionnaire*, s.v., 3.

523 – 524 Cf. Prud. *Apotheos.* 99 *fel potat et haurit acetum /.*

524 – 525 Sanctus maledictum / fit crucis, et moritur Christus vivente Barabba : cf. Jerome *Epist.* 21.2.5 *ut . . . fieret maledictum* [sc. *crucis*]; Iuvencus *Euangel.* 4.624 – 25:

> Pilatus donat plebi legique Barabban,
> et crucis ad poenam victus concedit Iesum.

526. impia gens : Verg. *Georg.* 2.537; Ovid *Met.* 10.232; Commodian. *Instruct.*

2.10.9; Corippus *Iohannis* 2.104.—**tantum ausa nefas** : cf. Verg. *Aen.* 6.624 / *ausi omnes immane nefas.*

528–529 concussaque tellus / intremuit : cf. Ovid *Met.* 1.283–84 *terram percussit* [sc. Neptunus]: *at illa / intremuit;* Vergil *Aen.* 9.752 *ingenti concussa est pondere tellus* /; Iuvencus *Euangel.* 4.705 *et tremebunda omni concussa est pondere tellus;* Firmicus Maternus *De errore* 24.2 *Ecce terra contremuit et fundamentorum suorum stabilitate concussa praesentis Christi numen agnovit.*

529–530 sepulcris / excita sanctorum sumpserunt corpora vitam : cf. Verg. *Ecl.* 8.98 *saepe animas imis excire sepulcris* /; Sedulius *Carmen Pasch.* 5.267–68 *rediviva iacentum / corpora sanctorum fractis abiere sepulcris.*

531. Velum etiam templi discissum est : cf. Iuvencus *Euangel.* 4.703 *Scinduntur pariter sancti velamina templi;* Valer. Flacc. 2.626.

533. pontifices ... cruenti / : cf. Commodian *Apologet.* 737 *scelere commisso cruenti* / [sc. Iudaei]; 778; 526.

534. calcantem spicula mortis : cf. v.611 and Prud. *Apotheos.* 1064; Firmic. Matern. *De errore* 24.2 *Christus ... ut humanum genus a mortis laqueis liberaret, ... ut captivitatis durae iugum tolleret, ... clusit ianuas sedis infernae et durae legis necessitatem calcata morte prostravit;* 24.4; Sedulius *Carmen Pasch.* 5.332 *Dominum calcata vivere morte;* Corippus *Iohannis* 4.307; *C.I.L.* XI, 275.7–8; *C.L.E.* 681.10 *tecum, Paule, tenens calcata morte coronam.*

535. Cf. *Hebrews* 2:9 ... *videmus Iesum propter passionem mortis gloria et honore coronatum;* 2:14 ... *ut per mortem destrueret eum qui habebat mortis imperium, id est diabolum;* Dracont. *De laud. Dei* 2.556 *repetit sua regna triumphans* / [sc. Christus].—**referentem ... tropaeum /** : cf. Prud. *Psychom.* 64 *referens ex hoste tropaeum* /.

536. Cf. Prud. *Apotheos.* 531 *vivum lux tertia reddit* /; Dracont. *De laud. Dei* 2.552–53.

537. Cf. Prosper *De ingratis* 816 *non dubiis promptum est cuivis cognoscere signis;* Verg. *Georg.* 1.394 *et certis poteris cognoscere signis* /; 4.253 *quod iam non dubiis poteris cognoscere signis.*

538–539 visuque manuque / rimans clavorum vestigia, vulnus et hastae : cf. Prud. *Apotheos.* 220–22:

> rimantes digitos costarum in vulnera cruda
> mersimus et manuum visu dubitante lacunas
> scrutati aeternum regem cognovimus Hisum.

—**vulnus et hastae /** : cf. Ovid *Met.* 15.769 *vulneret hasta* /.

540. firmans promissa : cf. Ovid *Met.* 10.430 *promissaque numine firmat* /.

543–544 nec iam diversa, sed unum / sunt duo : cf. John 17:11; 17:22; 17:23; *Ephes.* 2:14–16 ... *qui* [sc. Christus] *fecit utraque unum* ...; ... *ut duos condat in semetipso in unum novum hominem, faciens pacem, et reconciliet ambos in uno corpore Deo per crucem* ...

544. dum vita in Vita est : cf. John 1:4 *in ipso vita erat, et vita erat lux hominum;* *Psalm* 35 (36):10 *apud Te est fons vitae, et in lumine Tuo videbimus lumen;* 2 *Cor.* 2:16 *Aliis quidem odor mortis in mortem, aliis autem odor vitae in vitam;* Prosper *De ingratis* 563–64 *sine Lumine lumen / nemo videt, vitam sine Vita inquirere mors est;* 978–79 *Deus ... summoque ex lumine lumen, / vita, salus, virtus, sapientia.*—**in Lumine lumen** : cf. Hippolyt. *Contra Noetum* 10 καὶ φῶς ἐκ φωτὸς γεννῶν [sc. ὁ θεός], προῆκεν τῇ κτίσει τὸν ἴδιον Νοῦν; *Symbola Nicaen.* a.325 (Canon. ed. Turner, I, p.106) *lumen ex lumine;* Auson. 2.3.82 = Paulin. Nolan. *Carm.* 5.82 *de lumine lumen* /; Hilarius *Hymn.* 1.41; *De trinit.* 3.4; 6.12; Prud. *Apotheos.* 278–82:

Totus et ex toto Deus est [sc. Christus], *de lumine lumen.*
Quando autem lumen sine lumine? Quando refulgens
lux fulgore caret? Quando est, ut proditus ignis
ignem diminuat? Quando Pater et Deus et lux
non lucis Deus et Pater est?

Peristeph. 10.318–20; Dracont. *De laud. Dei* 3.1 / *Luminis aeterni lumen* et alibi.—
Cf. v.459 and Prosper *Epigr.* 22.5 *de lumine lumen* /; 27.5; 65.12 *esset ut in vero*
Lumine lumen homo; 82.6 *divino impletus* [sc. *homo*] *lumen lumen erit*; 102.7 *et verum*
accipiens [sc. *homo*] *supero de Lumine lumen* . . .; 105.3 *splendet enim verum vero de*
Lumine lumen; *De ingratis* 856.

545. augmento, non fine, hominis : cf. Zeno of Verona *Sermon.* 1.3.16
Löfstedt: *non in damnum hominis* . . ., *sed in augmentum hominis* . . .—**Quo [sc.**
homine] glorificato : cf. *Rom.* 8:17 *si tamen compatimur, ut et conglorificemur*; 8:30
quos autem iustificavit [sc. *Deus*], *illos et glorificavit*; Augustine *De civ. Dei* 21.24;
Prosper, *Respons. ad capit. Gallorum* 2.8; *Expositio Psalm.* 131.17 (p.150 Callens)
. . . *quia non in se, sed in Christo glorificabuntur.*

546. alter et alter / : cf. Jerome *In Is.* 55:4 *non quod alter et alter* [sc. *Deus et homo*
sit Christus], *sed quod unus atque idem Filius Dei*; *Epist.* 96.3; Vincentius Lerinensis
Commonit. 13.19.—Cf. Prud. *Peristeph.* 8.18; Orient. *Commonit.* 2.119; *C.L.E.*
436.5.

548. calle . . . eodem : cf. John 14:4 *Et quo ego vado, scitis, et viam scitis*; 14:6;
Prosper *Epigr.* 101.12 *et via qua currit, quo ferat aspiciet* [sc. *homo*].

VIII (550–623)

Man alone is endowed with free will and can choose between good and evil. Animals are being
guided by instincts, and are created by God for the benefit of man (550–578).

All men have the same origin. They become different depending on how they react to the
impressions of the external objects upon their five senses. Consequently, man should exercise
moderation in his life and praise the Lord (579–605).

The saints of the past were mortal men as everybody else, but with the word of God and
with faith they were able to overcome death (606–623).

550. diffusaque in omnes / : cf. v.494 and Lucret. 1.353; 5.469–70; Statius
Theb. 2.588 *et partes pariter divisus* [*diffusus*] *in omnes* /; Augustine *De civ. Dei* 13.17
animam [sc. *mundi*] *Plato ab intimo terrae medio* . . . *per omnes partes eius* . . . *diffundi*
et extendi . . . *opinatur.*

552–553 garrula verbis / bella moves : cf. Ovid *Trist.* 3.12.18 *cedunt verbosi*
garrula bella fori.

553. iaculisque tuis tua viscera figis : cf. Prosper *Epigr.* 1.4 *ipsum se iaculo per-*
cutiet proprio; Verg. *Aen.* 10.778 *ilia figit* /; Ovid *Ibis* 339.

556. Cf. vv.238–40.

557. / deteriora legis : cf. Ovid *Met.* 7.20–21 *video meliora proboque*: / *deteriora*
sequor.

558. / Erro, ais : cf. Prud. *Hamartigen.* 509 / *Errat, ait, qui* . . .

560. rationis egenum / : = Prud. *Symmach.* 1.81; *Cathemer.* 10.82; Dracont.
De laud. Dei 2.100; 3.155; cf. *rationis egentem* / : Lucret. 4.502; Verg. *Aen.* 8.299;
Ovid *Met.* 15.150.

561–562 Cf. Prosper *De ingratis* 450–51 *quem non recto via limite ducit,* / *quanto plus graditur, tanto longiquius errat*; *Epigr.* 97.11–12:

> … in quam [sc. veram viam] si toto properet quis corde reverti,
> nullus neglecti limitis error erit.

—**limite** : i.q. *via, tramite,* cf. Manil. 3.332 *limite recto* /; Ovid *Met.* 7.782; *Trist.* 2.477; Valer. Flacc. 4.614; Seneca *Epist.* 123.12 *rectum sequi limitem* [*ad honesta ducentem*]; Mela 1.102; Cyprian. *Epist.* 65.2 *lapsi a recto limite, veri itineris aversi,* et saepius.—**Christo ducente** : cf. vv.206; 211; John 14:6; *C.L.E.* 301.3 *Christoque iuvante* /.

565–567 Cf. Hesiod *Opera* 276–80:

> Τόνδε γὰρ ἀνθρώποισι νόμον διέταξε Κρονίων,
> ἰχθύσι μὲν καὶ θηρσὶ καὶ οἰωνοῖς πετεηνοῖς
> ἔσθειν ἀλλήλους, ἐπεὶ οὐ δίκη ἐστὶ μετ' αὐτοῖς·
> ἀνθρώποισι δ' ἔδωκε δίκην, ἣ πολλὸν ἀρίστη
> γίνεται·

566. lege tenentur / : = Verg. *Aen.* 12.819; Ovid *Met.* 10.203; Prud. *Psychom.* 343; cf. *Symmach.* 2.70–71.

567. / **monstra maris** : = Ovid *Ars amat.* 3.311; Valer. Flacc. 5.482.—**faciunt iussa** : cf. Verg. *Aen.* 1.302; Ovid *Met.* 2.798; 3.154 *iussa viri faciunt*; *Fasti* 1.379, et saepius.

568. affectumque volendi / : = Prosper *De ingratis* 128.—**affectum** : i.q. "intention, desire:" cf. Ambros. *De offic.* 1.1.1 *affectus docendi*; Gaius *Instit.* 2.50 *furtum … sine adfectu furandi non committitur*; Paulus *Dig.* 41.3.3.3 *possidendi affectum habuero*; *T.L.L.* I, 1192.9–31; Blaise, *Dictionnaire*, s.v., 2–3.

569. quod agunt aliis : i.e. *homini*; cf. vv.149; 258–59; 264–65; 576; *Gen.* 1:26–28; 9:2–3; Cic. *N.D.* 2.157 … *ut ipsas bestias hominum gratia generatas esse videamus* (and Pease ad loc.); Aristotle *Polit.* A 8, 1256 b 15; Lactant. *Div. instit.* 2.10.1; 4.17.19; 7.4.10; *S.V.F.* II, Nrr.1152–1167 *Animalia* (*et plantas*) *propter hominum utilitatem facta esse.*

573. non veniunt Alpes in pontum : cf. Horace *Epodes* 16.27–29: … *quando* / *Padus Matina laverit cacumina,* / *in mare seu celsus procurrerit Appenninus.*

574. amnes decurrunt : cf. Verg. *Aen.* 12.524 *amnes et in aequora currunt* /; 1.607; Seneca *Medea* 405 et alibi.

576. Cf. ad v.149.

581. semine ab uno / : cf. v.342.

585. Creantis / : = Prosper *De ingratis* 727; Prud. *Apotheos.* 790.

586. uno qui lumine luminat omnes / : cf. Prud. *Symmach.* 2.831–32 *Haud aliter solis radius, cum luminat omnes* / *diffuso splendore locos* … ; Petron. 100 *Sol omnibus lucet.*

587–588 variis rerum speciebus / **suscipimur** : cf. Prosper *De ingratis* 267–68:

> Sed quia non idem est cunctis vigor et variarum
> illecebris rerum trahitur dispersa voluntas …

Epigr. 96.7–8:

> Ut possit mundi illecebris vitiisque resisti,
> vis est corporei mortificanda hominis.

102.11 – 14:

> Auditus, visus, gustus, contactus, odorque
> praeberi gaudent undique quod placeat,
> fitque nocens homini praesentis temporis usus,
> si captum blandis inferiora ligant.

591. patulas ... aures / : = Horace *Epist.* 1.18.70; 2.2.103.—**intrant ...
per aures / :** Prud. *Apotheos.* 399 *stolidas intrare per aures /.*
592 – 593 vana parentum / dogmata : cf. vv.769 – 70.—**cum quodam fuco
... veri :** i.e., "color, pretense, disguise." Cf. Horace *Sat.* 1.2.83; Ovid *Fasti*
1.303 *perfusaque gloria fuco*; Sen. *Epist.* 26.5; Ambros. *In Ps.* 118 *Sermo* 4.4 *Terra
... meretriciis quibusdam nos illecebris capit et quasi vultus quosdam corporalium delec-
tationum fucis illinit, ut lateat in his veritas; T.L.L.* VI, 1462.21 – 31; *O.L.D.*, s.v.
fucus, 4.
594 – 597 Cf. Cicero *Tusc.* 4.20 *Delectatio voluptas suavitate auditus animum
deleniens; et qualis est haec aurium, tales sunt et oculorum et tactionum et odorationum et sapo-
rum, quae sunt omnes unius generis ad perfundendum animum tamquam inliquefactae
voluptates.*
594. modulata sono : cf. Diog. Laert. 7.114; Livy 27.37.14; Pliny *N.H.*
10.81; Silius 11.465 et alibi.—**levia tactu :** cf. Celsus *Med.* 7.18.5.
595. blandis ... odoribus : cf. Minuc. Felix *Octavius* 38.2; Orient. *Commonit.*
1.325 – 26.
596. Cf. Pliny *N.H.* 12.4.
598. nimium trepidus : cf. Ovid *Trist.* 1.5.37.—**nullum procedat in
aequor / :** cf. Verg. *Aen.* 10.451 *medium procedit in aequor /.*
599. effusis ... habenis / : Verg. *Aen.* 5.818 = 12.499 *omnis effundit habenas /*;
Silius 1.161 = 10.261 *effusis ... habenis /*; 7.696; 8.280; Juvenal 14.230; Seneca
Phaedra 450; [Tibull.] 3.7.92; Livy 37.20.10.
601. ponderis aequi : cf. Prosper *Epigr.* 4.2 *suspendens* [sc. *Deus*] *aequi pondera
iudicii.*—**pondus** = "weight used in a scale:" cf. [Tibull.] 3.7.41 *iusta pari premitur
veluti cum pondere libra*; Germanicus *Aratea* 364; Livy 5.48.9; *Ilias* 656 *sustinet auratas
aequato pondere libras /* [sc. *Iuppiter*].
602. reddamus honorem / : cf. Ovid *Met.* 13.272 *vobis quoque reddat honorem /*;
Fasti 2.555 *tumulis redduntur honores /*; Auson. 5.8.19 – 20 *supremum / reddat honorem /.*
603. Omnia quae fecit, bona valde : cf. Prosper *Epigr.* 2.6 *quaeque Auctore bono
condita sunt, bona sunt*; 97.1 – 2.—**vitiorum / incentiva :** cf. Prud. *Apotheos.* 929
/ est incentivum peccaminis; Augustine *In Psalm.* 2.42 *universa vitiorum incentiva*; Sal-
vianus *Ad ecclesiam* 1.12 *sed incentiva vitiorum.*
605. Cf. vv.255; 319; 852; 900; 912; Prosper *De ingratis* 751 *et positi expletur certamen agonis /*; 838 – 39 *ut de certamine agonis / quaesitas referant palmas*; 2 *Tim.* 4:7 – 8
*Bonum certamen certavi, cursum consummavi, fidem servavi. In reliquo deposita est mihi
corona iustitiae, quam reddet mihi Dominus in illa die iustus Iudex.*—**virtutis agone :** cf.
T.L.L. I, 1411.84 – 1412.60.—Cf. Io. Chrysost. *De provid. Dei* 9.6; 21.1.
608. motus animi : cf. Lucret. 4.1072 *animi traducere motus /*; Verg. *Georg.*
4.86 / *Hi motus animorum*; Prud. *Hamartigen.* 739 / *mobilitate animi*; Prosper *De
ingratis* 317 *An varii motus animorum talia gignunt?*; *Epigr.* 18.9 *Nam nullos famulae*
[sc. *animae*] *poterit compescere motus* [sc. *mens domina*] ...; 90.7 *inter discordes motus*;
100.1 *Nemo suae mentis motus non aestimat aequos.*—**affectusque rebelles :** cf. Prosper
Epigr. 18.3 – 4: *et frenare rebellem /* [sc. *animam*], *legitimum et proprium est mentis opus
dominae*; 97.9 *In culpa et vitio est vagus in contraria motus*; Prud. *Symmach.* 2.630 – 31

pugnacis stomachi pulsus fibrasque rebelles / frenet [sc. *mens*].—Seneca *Epist.* 37.4 *multis adfectibus et saevissimis*; 69.4 *cito rebellat adfectus*; 75.12 *adfectus sunt motus animi inprobabiles, subiti et concitati, qui frequentes neglectique fecere morbum* . . .; 121.4 *adfectus efferatissimos inhibere*; *De beneficiis* 7.26.5 *inter adfectus inquietissimos*, et alibi.

610. gladio verbi : cf. Prosper *Contra collatorem* 21.2 *apostolico mucrone* . . .; *gladio Petri* . . .; 21.2 *apostolico auxiliatus est gladio*.

611. spicula mortis / : cf. ad v.534.

613. Cf. Iuvencus *Euangel.* Praef. 3 / *non mare, non tellus, non ignea sidera caeli*.— **sidera caeli** / : = Prosper *De ingratis* 872; Varro *Menippea* 202; Verg. *Georg.* 2.1 et alibi; Manil. 1.488 et alibi; Ovid *Met.* 7.580; *C.L.E.* 544 B.5; 688.16 et saepius.

615. ratione magistra / : = Cyprian. Gallus *Exod.* 397; cf. Seneca *Epist.* 70.27 *magistra rerum omnium ratio*; Apul. *De Platone* 2.6; Leo Magnus *Serm.* 19.2 [*P.L.* 54, 187 A]; Prosper *Epigr.* 9 *pietate magistra* /; *De ingratis* 260 *bonitate magistra* /.

616. / **Auctorem et Dominum rerum** : cf. Prosper *Epigr.* 22.1 *Deus est et Rector et Auctor* /; Coripp. *Iohannis* 1.287–78 *Te cuncta fatentur / Auctorem et Dominum*; Dracont. *De laud. Dei* 1.335 = 2.98; Apul. *De deo Socratis* 3 *qui* [sc. *deus*] *omnium rerum dominator atque auctor est*, et saepius.

619. excelso . . . **axe** : cf. vv.279–80 *alta / deiectus regione poli*; Prosper *De ingratis* 855 *regione poli disiecta superbia*; Cyprian. Gall. *Gen.* 160 *celsumque ascendit ad axem* /; Rutil. Namat. 1.17 *per aetherios mundani verticis axes* /.—**Lucifer axe** / : cf. Ovid *Amores* 1.6.65 *Lucifer axes* /.

620–621 pars tertia . . . / . . . **astrorum** : cf. *Apoc.* 12:4 *Et cauda eius* [sc. *Draconis*] *trahebat tertiam partem stellarum, et misit eas in terram*; Ovid *Met.* 5.372 *agitur pars tertia mundi* /.

622. Dei . . . **bonitatis imago** : cf. *Sap.* 7:26 *est* [sc. *Sapientia*] . . . *speculum Dei maiestatis et imago bonitatis Illius*; Prosper *De ingratis* 575–76: *Inviolata Dei quondam et sublimis imago / in primo cuncti fuimus patre* . . .; Prud. *Apotheos.* 72; *Gen.* 1:26–27.

623. castra . . . **sequereris** : cf. Lucan 10.407 *castra secuntur* /.—**agmina noctis** : cf. Tertull. *De idololatria* 19 *Non convenit sacramento divino et humano, signo Christi et signo diaboli, castris lucis et castris tenebrarum*; *De corona* 11 *Ipsum de castris lucis in castra tenebrarum nomen deferre transgressionis est*.

IX (624–720)

A man's conduct does not depend on the stars, for God is above the nature He has created (624–634). The belief in the power of the stars over a man's future contradicts the doctrine of man's free will (635–643). In addition, all the commandments man has received from God would be futile if man were governed by the stars (644–657).

Man cannot be harmed by the stars either, but only by his own weaknesses and vices. A weak soul becomes an easy prey for Satan, who persuades man that his destiny depends not on God but on the stars alone (658–669). But the Old Testament offers examples of mortal men exercising power over the stars (670–688).

Consequently, the elements of the nature have no power over man, for God has placed man above the stars. For once a man has been reborn in the baptism of Christ, he enters the body of Christ and transcends the level of nature (689–697).

In conclusion, the belief that a man's fate depends on the stars destroys every effort on the part of the man to change his conduct for the better, and is utterly unfounded (698–720).

624. Cf. Prosper *De ingratis* 176 / *quove anceps se praecipitet sententia, volvis*; 992 / *praecipites semper calles*; Prud. *Hamartigen.* 1 / *Quo te praecipitat rabies tua . . .* et alibi.
626. natalia sidera : cf. Horace *Epist.* 2.2.187 *scit Genius, natale comes qui temperat astrum.*
629. sollicitis . . . curis / : = Stat. *Theb.* 9.603; cf. Lucan 2.5; Seneca *Oed.* 981; *Thyest.* 921; *A.L.* 415.6; Ammian. Marcell. 22.4.5; 31.2.19.
630. causas rerum . . . opertas : cf. Verg. *Aen.* 3.32 *insequor et causas penitus temptare latentis* /; Manil. 4.195–96:

> . . . atque oculos mentis, qui possint cernere cuncta
> quamvis *occultis* naturae condita *causis.*

Lucret. 3.316 *quorum ego nunc nequeo caecas exponere causas*; Valer. Maxim. 9.12.8 et alibi.—For the scribal error *apertas : opertas*, cf., e.g., Stat. *Theb.* 11.150 *Averni aperti* (P : *operti* cett.).—**scruteris opertas :** cf. Prosper *De ingratis* 707–08 *scrutari, nec per opertas* / *ire vias.*
632–633 qua pontum lege moveri / iusserit : cf. Verg. *Georg.* 1.130 *iussit* [sc. *Iuppiter*] *pontumque moveri* /; Claudian 3.7–8 *qui* [sc. *Deus*] *lege moveri* / *sidera* [sc. *iusserit*].—**teneris . . . auris / :** = Ennius *Ann.* 18 (21) Skutsch *per teneras . . . auras* /; Lucret. 1.207; Ovid *Trist.* 3.8.7.
634. sidereosque ignes : cf. Ovid *Met.* 1.778–79; 15.665.
635. Cf. v.970; Prosper *De ingratis* 952 *summo verorum a fonte bonorum* /; Augustine *De diversis quaest.* 8.44 *a Deo, quem fontem aequitatis atque iustitiae credi necesse est.*
636. immitem . . . legem : cf. Ovid *Trist.* 2.135; Tacit. *Ann.* 6.9; 15.27 et saepius.
638. Cf. Prosper *De ingratis* 242 *Sed nimis adversum hoc fidei nimiumque repugnans . . .*
640. ad promissa vocare : cf. v.911–12 and Prosper *Epigr.* 102.17 *delicias iam nunc promissi concipe regni.*
641. violentum . . . sidus : cf. Horace *Carm.* 2.17.117–19; Manil. 1.397–98 *qua* [sc. *Canicula*] *nullum terris violentius advenit astrum,* / *nec gravius cedit*; 4.217.— **affigere sidus :** cf. Lucret. 4.391; Pliny *N.H.* 2.28 *sidera, quae adfixa diximus mundo*; Apul. *De Platone* 1.11; *De mundo* 2; Hygin. *Astron.* 2.23.
644. aethereis . . . ignibus : cf. Cicero *N.D.* 1.103; Lucret. 2.1098; Manil. 2.56.
647. et cordi . . . et auribus : cf. Iuvencus *Euangel.* 2.812; 3.147.—**insinuet auribus :** cf. Jerome *In Is.* 5:7 *insinuare auribus.*—**bonus Auctor :** cf. ad v.219 *optimus Auctor.*
648. Cf. v.890 and Prosper *Epigr.* 31.1–2:

> Caelestem ad patriam tendens cognosce vocantem,
> cuius proveheris, si bene curris, ope.

649. venerare Deum : cf. Verg. *Georg.* 1.338 / *In primis venerare deos*; Prud. *Symmach.* 2.245 / *Meque unum venerare Deum.*
650. externas et despice relligiones : cf. *Exod.* 23:13 *et per nomen externorum deorum non iurabitis*; Cicero *Verr.* II, 4.114 *religio externa*; *T.L.L.* V, 2923.71–83.
652. vita beata : *de vita post mortem* cf. Cic. *Tusc.* 1.82; Tertull. *Scorp.* 1; Prud. *Peristeph.* 10.735; Augustine *Contra Felicem* 2.11; *De civ. Dei* 7.19; 8.1; 8.4; 8.27

(bis); 9.1; 11.11; 14.9 (ter) et saepius. In Greek since Homer *Od.* 4.565; Hesiod
Opera 170–73 [cf. Verg. *Aen.* 6.639] et alibi.

653. Coram adsunt : cf. Verg. *Aen.* 1.595; Caesar *Gall.* 1.32.4; Cicero *Ep. ad
Atticum* 5.18.3; 15.16.1; *Philipp.* 13.33 et alibi.—**aqua servatrix** : i.e. *baptismatis.*
Cf. Prosper *De ingratis* 464–65 *Anne ab aquis divina manus renovare receptos / incipit?*;
Tertull. *De baptism.* 9 *saluberrimas aquas baptismi*; Jerome *Epist.* 69.5 *quantam vim
habeat baptisma et aqua in Christo sanctificata gratiam*; Augustine *Confess.* 9.13.35
aquam salutis; *T.L.L.* II, 361.9–29.—**populator et ignis** / : i.e. *Gehennae ignis*,
cf. Matthew 5:22; Mark 9:43; Tertull. *Apologet.* 47.12 et saepius.—Cf. v.45
populatier igni /; Valer. Flacc. 1.683 *ira deum et Calabri populator Sirius arvi*; Silius
10.555; Ovid *Met.* 2.319; Seneca *Agam.* 603.

654. patet aequa facultas / : cf. Prosper *De ingratis* 690 *ceu par in utrumque facultas* /; *Epigr.* 105.7 *nulla est non aequa potestas* /.

655. vatum scripta piorum /: cf. Verg. *Aen.* 4.464 *vatum praedicta priorum*
[: *piorum* M, Servius] /; 6.662 *pii vates*; Ovid *Ars amat.* 3.347 *pia numina vatum* /;
Fasti 3.326 *quaeque pio dici vatis ab ore licet.*

657. vis externa : cf. Lucret. 2.277; 2.289; Cicero *N.D.* 2.83 *a superis exter-
nisque naturis*; 3.29.

659. superi . . . ignes : cf. Ovid *Met.* 15.248.

661. quatimur civilibus armis / : cf. Prosper *Epigr.* 96.1–6:

> Numquam bella bonis, numquam discrimina desunt,
> et cum quo certet, mens pia semper habet.
> Quae carnem oblectant sancto sunt noxia cordi:
> contra animi legem praelia corpus habet.
> Pulsant exterius diversis motibus hostes:
> *intus civile est et sociale malum.*

Lucan 1.44; 1.325; 2.224; 6.147–48; 6.299.

662. otia . . . ignava : cf. v.171 and Ovid *Trist.* 1.7.25; *Ex Ponto* 1.5.5; Seneca
Epist. 55.4 *Multum autem interest, utrum vita tua otiosa sit an ignava.*—**mollis . . .
voluptas** / : cf. Ovid *Ars amat.* 2.477 *Blanda truces animos fertur mollisse voluptas*;
blanda voluptas / : Lucret. 2.966; 4.1263; 5.178; Ovid *Fasti* 4.99; Prud. *Psychom.*
399; Prosper *Ad uxorem* 75.

663. difficili . . . via : cf. Prud. *Apotheos.* 264; *Symmach.* 2.885–86 et alibi.—
bravioque potitos : cf. Prud. *Peristeph.* 5.538.

664. pro spe tentare latenti : cf. Verg. *Aen.* 3.32; 11.437.

665. callidus Hostis : i.e. *Diabolus*, cf. Jerome *Epist.* 22.29 *Variis callidus hostis
pugnat insidiis. Sapientior erat coluber omnibus bestiis, quas creaverat Dominus super terram*
[cf. *Gen.* 3:1]; Gregor. Magnus *Regula pastor.* 3.9 (33) [*P.L.* 77, 62 A] *callidus adver-
sarius*; Prud. *Apotheos.* 406 *callide serpens* /; *Hamartigen.* 711 *callidus anguis* /; Paulin.
Nolan. *Carm.* 29.35 *et de vipereo fortissimus hoste triumphat*; Prosper *Epigr.* 62.5 *si
caveat pactis hostis servire superbi.*—Cf. Prosper *De ingratis* 102 *callidus hostis* / [i.e.
Pelagius] and Phaedrus 4.2.18 *proculque insidias cernens hostis callidi* / [sc. *mus muste-
lae*]; Claudian 26.613 *callidus . . . hostis* /; Livy 38.44.1; Florus *Epit.* 1.22 (2.6.12)
callidissimi hostes.—*Zachar.* 1:3.

667. veri : cf. v.108 and Prosper *Epigr.* 46.8.

667–668 ab astris / fata seri : cf. Livy 25.6.6 *fato, cuius lege immobilis rerum
humanarum ordo seritur*; Ovid *Met.* 15.152 *seriemque evolvere fati*; Lucan 1.70; Claudian *De raptu Pros.* 1.52 et seapius.—Verg. *Aen.* 4.519–20 *conscia fati / sidera*; Manil.
1.52 *sideribus videre vagis pendentia fata*; 1.112; 1.261; 3.58–60:

fata quoque et vitas hominum suspendit ab astris [sc. Natura],
quae summas operum partes, quae lucis honorem,
quae famam assererent, quae numquam fessa volarent.

4.14–19:

Fata regunt orbem, certa stant omnia lege
longaque per certos signantur tempora casus:
nascentes morimur finisque ab origine pendet.
Hinc et opes et regna fluunt et, saepius orta,
paupertas, artesque datae moresque creatis
et vita et laudes, damna et compendia rerum.

Firm. Matern. *Mathes.* 1.8.5; 1.9.2 *fata sunt . . . stellarum decreta*; Augustine *Contra Faustum* 2.5 (p.259.11 Zyacha) *nos . . . sub fato stellarum nullius hominis genesim ponimus.*

668. frustraque homines contendere divis / : cf. *Ciris* 329 *nec est cum dis contendere nostrum /*; Silius 5.104.

669. vitae dominos : i.e. *astra*, cf. Firmic. Matern. *Mathes.* 2.25.10 *dominus vitae vel dator vitae (id est dominus geniturae)*; 2.25.2; 3.2.23.

670. abi . . . abi! : Plaut. *Miles* 857; *Most.* 1100; Terence *Adelphi* 620 et saepius.

670–671 prisci / . . . **commenta doli** : cf. Prosper *De ingratis* 596–97 *Cognoscite tandem / antiqui commenta doli*; 920 *per veteris serpens vestigia fraudis /*; *C.L.E.* 920.1–2 *En signum* [sc. *crucis*], *per quod vis victa tirani / antiqui*; Verg. *Ecl.* 4.31 *priscae vestigia fraudis /.—*commenta** : i.q. *mendacia*, cf. Prosper *De ingratis* XVIII; *Epigr.* 68.5; 69.6; Prud. *Psychom.* 465 *Dolus, Commenta*; *Peristeph.* 5.267–68 *sed Belzebulis callida / commenta Christus destruit*; Augustine *De civ. Dei* 10.10.

672. / elaqueat : Cf. v.721 and Prud. *Symmach.* 2.147.

682. sitientibus agris / : cf. ad v.139.

683. non licuit rorare polos : cf. 3 *Regum* 17:1 *Et dixit Elias Thesbites . . . : . . . si erit annis his ros et pluvia, nisi iuxta oris mei verba.*

684. altaria flammā / : = Verg. *Ecl.* 8.105; Stat. *Theb.* 10.55; Silius 1.543; 3.29.

690. condere legem / : cf. Livy 3.34.1 *legibus condendis*; Ovid *Remed. amoris* 465 *condere iura /.*

692. tempora vitae / : = vv.779; 934; Juvenal 14.157; *C.L.E.* 249.18; 394.1; 995.15; 1166.5; 1385.3; 1447.11; Auson. 4 Praef. 17; 4.18.11; 7.7.6; 7.7.8; 14.5.1; Mar. Victor *Alethia* Precatio 80; Dracont. *De laud. Dei* 3.249 et saepius.

693. quos super astra locavit / : cf. Prosper *Ad uxorem* 87–88:

Me gessit moriens, me victa morte resurgens [sc. Christus],
et secum ad Patrem *me super astra tulit.*

Epigr. 60.5–6:

Sed terrae hospitibus, *caeli super astra vocatis,*
virtutis palma est spernere blanda soli.

694. Cf. vv.499; 761; 963.

695. mortali ex stirpe recisos / : cf. Prosper *De ingratis* 936–37:

figmentum nos esse novum, quod prorsus ab illa
stirpe vetustatis discretum est atque recisum.

Verg. *Aen.* 12.208 *imo de stirpe recisum* /.—**mortali ex stirpe** : Stat. *Theb.* 4.754 (747); Prud. *Symmach.* 1.268.

696. sedes caelestis : cf. Ovid *Met.* 4.447; *Ex Ponto* 3.5.53 *caelesti sede receptum* /; Prud. *Symmach.* 1.164; 1.271 *caelesti in sede locatum* /; Iuvencus *Euangel.* 1.701; Augustine *De civ. Dei* 10.1; 10.2; 10.7; 19.23 et saepius.—**terrea . . . / progenies** : cf. Verg. *Georg.* 2.341 / *terrea progenies.*

697. templum in Domini corpusque redactos : cf. vv.207; 483; 485; 963; *Rom.* 12:5; 1 *Cor.* 12:12; 12:27 *Vos autem estis corpus Christi, et membra de membro*; *Ephes.* 4:4; 1:22–23 *et ipsum dedit caput supra omnem Ecclesiam. Quae est corpus ipsius, et plenitudo eius, qui omnia in omnibus adimpletur*; 5:23; *Col.* 1:18 *Et ipse est caput corporis Ecclesiae*; Prosper *De ingratis* 939 *qui membrum est Christi capitisque in corpore vivit*; *Epigr.* 102.21–22 *A quo* [sc. *Christo*] *susceptum si te non ambigis esse, / totus homo in Capitis corpore semper eris.*

702. transcendet . . . annos / : cf. Silius 1.226.—**Nestoris annos** / : cf. Seneca *Apocol.* 4; Martial 11.56.13 [cf. 2.64.3]; Ovid *Met.* 8.313 *Nestor in annis* /.

707. Cf. Quintil. *Instit.* 10.7.23 *se inani verborum torrenti dare.*

708–709 fas omne nefasque / confundant : cf. Ovid *Met.* 6.585–86 *sed fasque nefasque / confusura ruit*; *Ars amat.* 1.739 *mixtum fas omne nefasque* /; Prud. *Cathemer.* 3.134 *fasque nefasque simul glomerans* /; Philemon. *Pseudepigr.* Fr.246.10 Kock: ἅρπαζ' ἀπελθών, κλέπτ', ἀποστέρει, κύκα.

710. firmato cardine rerum / : cf. Verg. *Aen.* 1.672 *haud tanto cessabit cardine rerum* /.

712. perversos . . . mores / : cf. Seneca *De benef.* 1.10.1 *eversos mores*; Prud. *Psychom.* 152 *perversos sumit in usus* /; Prosper *De ingratis* 420 *perversos autem et scelerum assuetudine turpes* /.

715. ab ancipiti casu : cf. Cic. *Ep. ad famil.* 5.12.5 *ancipites variique casus*; Livy 4.27.6 *rem in casum ancipitis eventus committunt*; Valer. Max. 6.2.1.—**vis pendula fati** : cf. Augustine *De beata vita* 2.11 *ex fortuna pendulum.*

717. artis opus : cf. Ovid *Ars amat.* 1.266; *Ex ponto* 2.11.2.

718. Cf. Verg. *Ecl.* 8.35 *nec curare deum credis mortalia quemquam*; Claudian 3.1–3:

> Saepe mihi dubiam traxit sententia mentem,
> curarent superi terras, an nullus inesset
> rector et incerto fluerent mortalia casu.

720. innumeram : cf. vv.765–68; Prosper *De ingratis* 872–875; 878–79:

> denique ab his praeceps in multas religiones
> decidit et factis haesit Factore relicto [cf. *Rom.* 1:25].

—**plebem . . . deorum** / : cf. Ovid *Ibis* 81 / *Vos quoque, plebs superum*; *Met.* 1.173 / *Plebs* [sc. *deorum*] *habitat diversa locis*; 1.595 / *Nec de plebe deo, sed . . .*; *Fasti* 5.20 *de media plebe . . . deus* /; Martial 8.49 (50).3 *qua bonus accubuit genitor cum plebe deorum* /; Augustine *De civ. Dei* 4.11 *turba quasi plebeiorum deorum.*

X (721–804)

After exposing the astrology as a device of devil, let us now refute the argument that God does not exercise His providence over mankind, since we witness that in our times the good suffer, while the wicked prosper (721–726).

First of all, the order and harmony in the universe and nature attest to the presence of a wise governing Principle maintaining this entire world-structure with His breath (727–740).

What is more important, God has demonstrated His special care for the human race by bestowing upon it His image and likeness, and the hope of life everlasting (741–745).

The complaint that the unjust are not being punished and the just not being rewarded already in the present time is not valid. For one thing, if God did so already now (by sending the just to heaven and the unjust to hell), the world would have been left without the human race, coming to the end before its time (746–758).

As a matter of fact, by sparing the throngs of the wicked the patient God gives them an opportunity to repent, reform, and become reborn through Christ, as we witness it every day (759–780).

In conclusion, God does not wish a sinner to die, but rather to repent and live. That is why He delays the punishment of the unjust. The impatient humans expect a quick retribution. But time exists for the mortals alone: for God all the time is one single moment (781–804).

721. detectis laqueis : cf. Lactant. *Div. instit.* 4.30.2 ... *ne quando in laqueos et fraudes illius adversarii nostri, cum quo nos luctari Deus voluit, incideremus*; Auson. 2.3.36 *vitemus laqueos, quos letifer inplicat anguis.*—**fraudis opertae :** cf. v.671; Prosper *De ingratis* 103 *per ambages ... opertas* [sc. *callidi hostis*]; 920 *veteris ... fraudis*; *Epigr.* 62.3; 65.3; 86.1 *fraude maligni* / [i.e. *diaboli*]; Prud. *Psychom.* 268 *ad fraudis opertum* /; Verg. *Georg.* 1.465 *fraudemque et operta ... bella*; Stat. *Theb.* 10.241–42 *sed fraudem et operta paramus / proelia*; Valer. Flacc. 5.248 *dolos molitur opertos* /; Dracont. *Orest.* 162 *armata dolis sub fraude latenti* /; Ammian. Marcell. 16.12.59 *ne fraude latenti exciperentur.*

722. vanis studiis : cf. vv.592–93; 769–70; Seneca *N.Q.* 3 Praef. 2.

724. divinam ... curam : i.q. *providentiam*, cf. Cicero *N.D.* 2.87; 2.98; 2.147; Ovid *Met.* 1.48; Lucan 5.340; Stat. *Theb.* 5.456; Seneca *De provid.* 3.1; 6.1; Dracont. *De laud. Dei* 2.186 *Est tibi cura, Deus, de quidquid ubique creasti*; et saepissime. Cf. Index verborum s.v. *cura Dei.*

725. labor anxius : i.e., *qui angorem efficit*, cf. Avienus *Arati Phaenom.* 359 / *nec contemplandi labor anxius.*

726. Cf. vv.69–76; 792; Claudian 3.13–14 *laetosque diu florere nocentes / vexarique pios.*

727. moderantis habenis / : cf. Ovid *Met.* 6.223 *moderantur habenas* /; Manil. 1.668; Silius 16.343; Stat. *Theb.* 4.219.

728. quid ab ordine cessat / : cf. Verg. *Aen.* 3.447 *illa manent immota locis neque ab ordine cedunt.*—**ab ... cessat :** cf. Silius 6.477 *a duro cessavit munere Martis* /; Arnob. *Adv. nat.* 2.37 *ab officiis suis cessabit mundus*; *T.L.L.* III, 962.54–78.

729. Quae bella movent elementa? : This statement does not contradict v.121 (*elementa*) *compugnant.* One thing is the necessary strife between two opposite principles, another the rebellion of the world-masses heaven, sea, earth, air. Thus, the Stoic *concordia discors* remains valid here as well.

730. a prisco divisum foedere rerum / : cf. Manil. 2.48 *naturae foedere rupto* /; 3.54–55:

> ... ut tot pugnantis regeret concordia causas
> staretque alterno religatus foedere mundus.

Lucan 1.80 *turbabit foedera mundi* /; 2.2–3 *legesque et foedera rerum / ... vertit natura*; Seneca *Medea* 335 *foedera mundi* /; Minuc. Felix *Octavius* 11.1 *rupto elementorum omnium foedere*; Tiberian *Carmina* 4.29–30 *mundanas olim moles quo foedere rerum / sustuleris* [sc. *o Deus*]; Claudian 3.4 *foedera mundi* /; *Carm. min.* 26.76 *in foedus . . . elementa vocat* /; Dracont. *De laud. Dei* 2.193 *foedere concordi . . . elementa tenentur* /.

731 – 740 Cf. Manil. 1.247 – 54; 2.60 – 82; 3.48 – 55; 4.888 – 90; Cicero *N.D.* 1.100 *Et eos vituperabas qui ex operibus magnificis atque praeclaris, cum ipsum mundum, cum eius membra caelum terras maria, cumque horum insignia solem lunam stellasque vidissent, cumque temporum maturitates mutationes vicissitudinesque cognovissent, suspicati essent aliquam excellentem esse praestantemque naturam, quae haec effecisset moveret regeret gubernaret*; 2.4; 2.15; 2.57 – 58 (and Pease ad loc.); Lactant. *Div. instit.* 7.3.25 – 26; Philo *De provid.* 1.33; 1.70 – 72; 1.76; *S.V.F.* II, Nrr.1141 – 1151 (*Mundum esse opus providentiae*); Io. Chrysost. *De provid. Dei* 7.2 ff.; Theodoret. *De provid. Orat.* 1 – 2 (*P.G.* 83, 556 ff.) et saepius.

731. solis . . . in ortum / : = Verg. *Georg.* 3.277; *Aen.* 6.255; Ovid *Met.* 5.445; *Ibis* 429; cf. Prud. *Peristeph.* 13.102 – 03 et alibi.—**revocatur in ortum** / : = Ovid *Heroid.* 20.87; Prud. *Cathemer.* 10.10.

732. / **nocte dies :** cf. Ovid *Fasti* 5.723 / *Nocte sequente diem.*—**idem est . . . recursus** / : cf. Manil. 1.475 – 77:

> non varios obitus norunt [sc. signa] variosque recursus,
> certa sed in proprias oriuntur singula luces
> natalesque suos occasumque ordine servant.

2.940 – 41.

734. nubibus imber / : = Verg. *Ecl.* 6.38; *Georg.* 4.312; *Aen.* 11.548; Ovid *Met.* 11.516; Paulin. Nolan. *Carm.* 18.18 *a nubibus imber* /.

735 – 736 leta : For this poetical plural compare *Inscr. Christ.* Rossi, II, p.71.40a.17 *Hic novus antiquum iecit ad leta draconem* /; p.296.10.2 *concussis letis.*—**servantque genus . . . / semina quaeque suum :** cf. Cicero *N.D.* 2.81 *Seminis enim vim esse tantam, ut id . . . ita fingat et efficiat in suo quidque genere . . .*; *De divin.* 1.128; 2.94; Augustine *De civ. Dei* 7.30 *illum Deum colimus . . . qui vim seminum condidit.*

738 – 740 Cf. ad vv.183 – 84 and Manil. 2.67 – 71; 80 – 81:

> Quod nisi cognatis membris contexta maneret
> machina et imposito pareret tota *magistro*
> ac tantum mundi regeret *prudentia* censum,
> 70 non esset statio terris, non ambitus astris,
> erraretque vagus mundus standove rigeret . . .
>
> 80   Sic omnia toto
> dispensata manent mundo *dominumque sequuntur.*

739. molemque omnem spirando foveret : cf. ad v.184 and *S.V.F.* II, Nr.416 κατὰ τοὺς Στωϊκοὺς τὸ διῆκον διὰ πάντων πνεῦμα, ὑφ᾽ οὗ τὰ πάντα συνέχεσθαι καὶ διοικεῖσθαι et saepius.

741. pervigili cura : cf. ad v.157; Apul. *Met.* 7.6; Ammian. Marcell. 29.5.50; Prud. *Symmach.* 2.1022; Cassiodor. *In Psalm.* 126.2; *C.I.L.* VI, Nr.32326.8 *pervigili cura*; Prosper *De ingratis* 187 *prudentia pervigil* et alibi.

742. certum ad finem : i.e. εἰς τὸ ὡρισμένον τέλος. Cf. Horace *Sat.* 1.1.106; *Epist.* 1.2.56; Persius 5.65 et alibi.

743. specialius : cf. v.220 *speciale decus*; v.868 *speciale bonum.*

744. perpetis aevi : cf. Paulin. Nolan. *Carm.* 24.843 *vitae perpetis*; 24.939 – 41:

> ... et ad supernam restituti imaginem,
>   erile conformes decus,
> aevum perenne perpetes ut angeli
>   cum rege vivatis Deo.

745. imaginis instar / : = Arator *Acta* 2.638 *caelestis imaginis instar /.*

746. Cf. Prosper *De ingratis* 568 *nec vitiis poenam deberi aut praemia laudi*; Auson. 7.3.26 *offensus pravis dat, palmam et praemia rectis.*

748. ultricem ... Iudicis iram : cf. vv.85; 785–86; *Rom.* 12:19.—John 3:36; *Rom.* 1:18; *Ephes.* 5:6; *Col.* 3:6; *Apoc.* 19:15; Cassian. *Instituta* 8.10 *ultrices irae* et saepius.

749. patientia Regis / : = Prosper *Epigr.* 4.1; cf. v.762; 2 *Petri* 3:9 *Non tardat Dominus promissionem suam, sicut quidam existimant: sed patienter agit propter vos, nolens aliquos perire, sed omnes ad poenitentiam reverti.*

750. saeva ... feritate : Ovid *Trist.* 5.7.46.—**immitis ... tyranni / :** = Verg. *Georg.* 4.492; *Ciris* 420. Cf. Claudian *De raptu Pros.* 3.34–35 *durumque tyrannum / inmitemque vocat*; Prud. *Symmach.* 1.46 *feritate tyranni /.*

751. peccati nescia : cf. Verg. *Aen.* 12.648 *anima ... inscia* [: *nescia*] *culpae /*; Leo Magnus *Serm.* 74.1 *qui* [sc. Christus] *peccati erat nescius.*

753. praesentia dona / : cf. Prud. *Symmach.* 2.105 *bona ... praesentia donat /.*

755. mundi meta : cf. v.733 and Commod. *Instruct.* 1.1.2 *cum venerit saeculi meta /*; Claudian 26.266 *properatis saecula metis /.*

756–757 Cf. vv.759–60 and Lucret. 5.1026–27:

> aut genus humanum iam tum foret omne peremptum
> nec potuisset adhuc perducere saecla propago.

Gracchus *Orat.* 44 *ne a stirpe genus nostrum interiret et uti aliqua propago generis nostri reliqua esset.*

759. generis nostri profunda propago / : cf. Prud. *Symmach.* 2.341–42 *unde genus ducit nostrae porrecta propago / stirpis*; Stat. *Silvae* 2.3.39 *longa propago /*; Dracont. *De laud. Dei* 3.168 *lata propago /*; 3.747 *numerosa propago /* et alibi.

761. Christi fonte renata / : cf. v.970; John 4:14; Prosper *De ingratis* 820–21 *nec quemquam in vitam aeternam nisi fonte renatum / venturum*; *Epigr.* 89.1 *divino fonte renascens /*; Prud. *Cathemer.* 7.76–77 *Hoc ex lavacro labe dempta criminum / ibant renati.*

763. de tetra nocte reversos : cf. Prosper *Epigr.* 102.8 *noctem peccati cordis ab aede fuget /.*

764. peccati labe : cf. Prud. *Apotheos.* 894 *Solus labe caret peccati Conditor orbis*; Iuvencus *Euang.* 3.12 *erroris laqueos labemque*; Lactant. *Div. instit.* 4.26.11 *peccatorum labibus ac vitiorum maculis inquinatos.*

766. barbatos levesque deos : cf. Cicero *N.D.* 1.83 *Isto enim modo dicere licebit Iovem semper barbatum, Apollinem semper inberbem*; Min. Felix *Octavius* 22.5; Arnob. *Adv. nat.* 6.10; Augustine *De civ. Dei* 6.1; 6.7 et alibi.—**iuvenesque senesque / :** cf. ad v.75.

767. errore parentum / : cf. ad v.292.

768. Unigenam : i.q. *Unigenitus*, Μονογενής, cf. Paulin. Nolan. *Carm.* 5.47; 27.93.—**summissus adorat / :** = Prud. *Apotheos.* 598 *submissus adoro /.*

769–770 Cf. vv.592–93.—**brutescere mundo :** cf. Prosper *Ad uxorem* 69 *Non illos fallax cepit sapientia mundi*; *Epigr.* 69.5–6; 83.11 *perque omnes calles errat sapientia mundi*; 1 *Cor.* 1:20 et alibi.

772. a portu rationis in altum : cf. Prosper *De ingratis* 523–25: *(vos) ratis extulit* *alto / mergendos pelago . . . / . . . placido consistite portu /*; Philo *De fuga* 50; *De somniis* 2.225; Lucian *Piscator* 29; Ignatius *Smyrn.* 11.3; *Polycarp* 2.3 (and W.R. Schoedel ad loc.); Hippol. *Refut.* 4.46.1; 7.13.1; Tertull. *De paenit.* 4; Cambell Bonner, "Desired Haven," *Harvard Theol. Review* 34 (1941), pp.49–67; Lampe, *Lexicon*, s.v. λιμήν, et saepius.

773–774 aequore toto / iactatos : cf. Verg. *Aen.* 1.29 *iactatos aequore toto /*; 5.456; 11.599; 12.501.—**vagis erroribus** : cf. Prosper *De ingratis* 851 *vagus error /*; Ovid *Met.* 4.502 / *erroresque vagos.*—**vagis erroribus actos** / : cf. Ovid *Heroid.* 2.107 *longis erroribus acto /*; = *Met.* 4.567; 15.771; *Trist.* 4.10.109; Verg. *Aen.* 6.532 *pelagine venis erroribus actus? /.*

775. Cf. Verg. *Aen.* 5.40–41 / *gratatur reduces et . . . / excipit*; Ovid *Heroid.* 17.101 / *excipis amplexu*; 13.115.

776. statione : i.e. "anchorage:" cf. Cicero *Pro Tullio* 35 *scopulo atque saxis pro portu stationeque utuntur*; Seneca *Dial.* 5.6.1 *sublimis animus, quietus semper et in statione tranquilla conlocatus*; *O.L.D.*, s.v., 3.

778. implacabilis irae / : = Ovid *Ex Ponto* 3.3.63; cf. Verg. *Culex* 238; Cicero *Ad Quintum fr.* 1.1.39 *si implacabiles iracundiae sunt*; Ammian. Marcell. 29.2.18; Lactant. *Epitome Div. inst.* 66.10.

779. tempora vitae / : cf. ad v.692.

780. Cf. Prosper *Epigr.* 4.1–4:

> Multa diu summi differt patientia Regis,
>   suspendens aequi pondera iudicii;
> Et dum plectendis parcit clementia factis,
>   Dat spatium, quo se crimine purget homo.

784. virtutum . . . suarum : Cf. Prosper *De ingratis* 979 *[Deus] vita, salus, virtus, sapientia*; *Contra collatorem* 13.1 (*P.L.* 51, 247 C): *Virtus namque principaliter Deus est: cui non aliud est habere virtutem, quam esse virtutem*; *De vocatione gentium* 1.8 (654 D): *Aeterna est enim sapientia; aeterna veritas, aeterna bonitas, aeterna iustitia, omnium denique virtutum lumen aeternum est, totumque quod virtus est, Deus est.*

787. poena malorum / : = v.848.

787–788 Cf. Io. Chrysost. *De provid. Dei* 12.4.

790. aliusque resurgens / : cf. Verg. *Aen.* 4.531 *rursusque resurgens /*; Manil. 1.181.

792. Cf. vv.77; 893–94 and Claudian 3.13–14 (*cum*) *aspicerem laetosque diu florere nocentes / vexarique pios.*

794. spes veniae : cf. v.955 and Prud. *Hamartigen.* 935 / *spem capio fore quidquid ago veniabile apud te.*—**minimo ad poenam quadrante vocando** : Prosper has changed the sense of Mt. 5:26; Lc. 12:59.

798. nil effugit : cf. v.187 and Prosper *Epigr.* 99.3–4:

> At Domini in cunctis aequa est veraxque potestas,
>   aspectum cuius nulla remota latent.

799. Nihil est Illi tardumve citumve : cf. Prosper *Epigr.* 41.5–6:

> Nec serum aut properum sibi sentit in ordine rerum,
>   cui cuncta assistunt acta et agenda simul.

801. nostris mutantur tempora rebus : Cf. Anon. *Tempora mutantur, nos et mutamur in illis*; Ovid *Met.* 15.165 / *Omnia mutantur*; Cypr. Gall. *Iudices* 156;

Dracont. *De laud. Dei* 2.587 *Tempora mutantur, te nunquam saecula mutant.*

802. Cf. Homer *Iliad* 1.70 ὃς ᾔδη τά τ' ἐόντα, τά τ' ἐσσόμενα, πρό τ' ἐόντα; Verg. *Georg.* 4.392–93: *novit namque omnia vates, / quae sint, quae fuerint, quae mox ventura trahantur*; Prud. *Cathemer.* 9.12 / *omnium quae sunt, fuerunt, quaeque post futura sunt* et saepius.

803. ante oculos : cf. v.18 and Lucret. 2.113; 3.185; 4.979.

804. Cf. 2 *Petri* 3:8 *unus dies apud Dominum sicut mille anni, et mille anni sicut dies unus.*—/ **una dies :** = v.867; Ovid *Ex Ponto* 1.2.4; Paulin. Nolan. *Carm.* 14.82.

XI (805–896)

God has given sufficient proof of His justice throughout the history (805–812). If sometimes the innocent suffer when the guilty are being punished, first, one should know that both the just and the unjust share the same light, air and water in this world; and, second, that the sufferings of the innocent may well move God to spare the sinners (813–823).

However, the examples from both the Old and the New Testament demonstrate that God has been sparing the just when punishing the unjust (824–838). It is true that many innocent young children had perished in the flood, but this is because of the sins of their parents (839–847). But no kind of death is an evil for a good man, for it is leading to the life everlasting (848–852).

We the mortals have wrong idea about the good and evil. We consider as good the earthly wealth and honors, while forgetting that we have come to this world as ''citizens of heaven'' (853–872). We reject the Cross and embrace the sweet sin instead. God sends us suffering as a healing remedy, but we refuse to be cured (873–886). But God punishes sinners out of His love for them. Men who are spared God's lash are lost (887–896).

805–806 Cf. 1 *Cor.* 4:5 *Itaque nolite ante tempus iudicare, quoadusque veniat Dominus: qui et illuminabit abscondita tenebrarum, et manifestabit consilia cordium: et tunc laus erit unicuique a Deo*; *Rom.* 2:16.

808. iustitiae documenta dedit : cf. Sedulius *Carm. pasch.* 3.2 / *virtutis documenta dedit.*—**bellis / regna quatit :** cf. Verg. *Aen.* 9.608 *quatit oppida bello /*; Ovid *Heroid.* 8.118 *et sua regna quatit /.*

809. populosque potentes / : = Lucan. 1.2 *populumque potentem /.*

810. obruit undis / : Ovid *Ex Ponto* 3.6.29 *Obruerit cum tot saevis deus aequoris undis.*

811–812 Cf. 1 *Reg.* 2:7–8 *Dominus pauperem facit et ditat; humiliat et sublevat. Suscitat de pulvere egenum, et de stercore elevat pauperem*; Luke 1:52 *deposuit potentes de sede, et exaltavit humiles*; Iuvencus *Euang.* 1.101–02:

> Sustulit [Dominus] ecce thronum saevis *fregitque superbos*,
> Largifluis humiles opibus *ditavit egentes.*

Prosper *Epigr.* 58.8 *Mitis subiectis, implacidus tumidis.*—**solvit vinctos :** cf. Prosper *De ingratis* 391 *solvit . . . vinctos /.*

816–817 Cf. *Eccles.* 9:1–3.

817. / **indignos dignosque manent :** cf. Verg. *Aen.* 12.811 / *digna indigna pati*; *Ciris* 247.—**sol omnibus idem est :** cf. Matthew 5:45 *qui [Pater vester] solem suum oriri facit super bonos et malos: et pluit super iustos et iniustos*; Petron. 100 *Sol omnibus lucet*; Ovid *Met.* 1.135 *communemque prius, ceu lumina et auras, / . . . humum . . .*; 6.350–51:

Nec solem proprium Natura, nec aëra fecit,
nec tenues undas: ad publica munera veni.

818. frigora et aestus / : cf. Lucret. 1.300; 6.364; Verg. *Catalepton* 13.3 *nec ferre durum frigus aut aestum pati*; Ovid *Ars amat.* 2.317; *Gen.* 8:22; Varro *De re rust.* 2.2.18; 3.16.37 et saepius; *T.L.L.* I, 1117.47–65.

819. Ovid *Met.* 1.135; 6.350–51.

820. Cf. Prosper *Epigr.* 34.6 *dilexisse bonos et tolerasse malos.*

824. indemutabilis : cf. Tertull. *De pudic.* 12 (C.S.E.L. 20, p.242.23) *Novissimi testamenti semper indemutabilis status est*; *T.L.L.* VII, 1136.20–48.

827. arsuris Sodomis : cf. v.350 and Prud. *Hamartig.* 725 *Sodomis ardentibus.*

828–829 Imitates Leo Magnus *Serm.* 55.5 *. . . limina vastator angelus sanguine agni et signo crucis praenotata non intrat.*

832. Fit mare per tumidum : cf. Stat. *Theb.* 10.13 / *Ceu mare per tumidum*; Verg. *Aen.* 1.142; 3.157; 8.671; Ovid *Met.* 11.480–81 et alibi.

833–834 Cf. *Daniel* 14:32 *Erat autem Habacuc propheta in Iudaea, et ipse coxerat pulmentum, et intriverat panes in alveolo: et ibat in campum, ut ferret messoribus.* (33) *Dixitque Angelus Domini ad Habacuc: Fer prandium, quod habes, in Babylonem Danieli, qui est in lacu leonum.* (35) *Et apprehendit eum Angelus Domini in vertice eius, et portavit eum capillo capitis sui, posuitque eum in Babylone supra lacum in impetu spiritus sui.* (36) *Et clamavit Habacuc, dicens: Daniel, serve Dei, tolle prandium, quod misit tibi Deus.*

835–836 vertitur ordo / naturae : cf. Verg. *Aen.* 3.376 *is vertitur ordo /*; *Georg.* 1.239; Seneca *Phoen.* 84–85 *ipsa se in leges novas / natura vertit*; Ovid *Trist.* 1.8.5–6; Manil. 1.481.—**labentia vincula** : cf. Paulin. Nolan. *Carm.* 15.263–64 *Petrus sponte sua vinclis labentibus aeque / carcere processit clauso.*

838 deficit humor aquas : Maybe Prosper refers to Matthew 14:29 *Et descendens Petrus de navicula, ambulabat super aquam, ut veniret ad Iesum.*—Cf. Verg. *Georg.* 1.290 *non deficit umor /*; Lucret. 6.633 *umor aquai /*.—**ira leones /** : = Ovid *Trist.* 4.6.5; cf. Verg. *Aen.* 7.15; Ovid *Met.* 10.551; 15.86; Prud. *Cathemer.* 4.86 *leonis ira /*. For the *Adynaton* cf. Pindar *Ol.* 19–20; Verg. *Ecl.* 4.22; Horace *Epodes* 16.33 et alibi.

839. in magnae turbine cladis / : cf. Prosper *De ingratis* 114 *turbine noctis /*; Silius 1.41 *turbine mox saevo venientium haud inscia cladum*; Livy 3.42.5; 24.20.9 et alibi.

840. more parentum / : = Verg. *Aen.* 6.223; Ovid *Met.* 15.366; cf. vv.292 = 767 *errore parentum /*.

841. criminis expertes : cf. v.44 and Livy 2.6.3 *expers sceleris*; Suet. *Domit.* 10.5 *culpae expers*; Pomer. 2.18.1 (*P.L.* 59, 463 C) *expers peccati.*—**aliena . . . culpa** : Seneca *De benef.* 4.10.3.

845. / progenies auctura malos : cf. Verg. *Aen.* 5.565 / *progenies, auctura Italos.*

846. crimine patrum / : cf. Prosper *De ingratis* 634 *crimina matrum /*; Valer. Flacc. 2.80; 6.86–87 *paterno / crimine*; Prud. *Apotheos.* 922 *de crimine avorum /*.

847. noxia culpā / : = Ovid *Ars amat.* 1.395.

849–850 Nec enim mala mors est / ulla bonis : Cf. Prosper *Epigr.* 50 = Augustine *De civ. Dei* 1.11 *Mala mors putanda non est, quam bona vita praecesserit. Non enim facit malam mortem, nisi quod sequitur mortem.*

852. nam campo capitur, non fine corona : cf. v.605 *hic decertato virtutis agone*; v.912 *et cupidus victo certamine solvi*; Prosper *Epigr.* 50.1–6: *Non itaque multum curandum est necessario morituris, quid accidat ut moriantur, sed moriendo quo ire cogantur:*

Cuncta bonis prosunt, quos et mors ipsa beatos
efficit, ut sumant praemia principium.
Ille igitur finis malus est, quem poena sequetur
et qui perpetui porta doloris erit;
non quo absumentur lacrimae cunctique labores,
ut veteris pereant omnia signa mali.

30.7–8:

Nam non certanti nulla est speranda corona:
palmam, qua capitur gloria, finis habet.

Cf. *Doctr. apostol.* 6.5 Schlecht: *per haec sancta certamina pervenire ad coronam*; Cassiodor. *Instit. div.* 32 *in agone sanguinis . . . positae . . . coronae* et saepius.

853. blandis capti : cf. v.595; Prosper *Epigr.* 50.6 *spernere blanda*; 101.8; Auson. 18.29.49 *pietas nec amat blandis postponere verum* /; *T.L.L.* II, 2040.24–41.

856. iuvant aliena : cf. Publil. Syrus 28 *Aliena nobis, nostra plus aliis placent*; Ter. *Heaut.* 76 *aliena ne cures*; Horace *Sat.* 2.3.19–20 *aliena negotia curo / excussus propriis*.

859. caelo ascripti : cf. v.954 and Luke 10:20; *Phil.* 3:19–20; *Hebr.* 12:22.

860. blanda potestas / : = Stat. *Theb.* 11.655; cf. 2.399.

863. totum res fusa per orbem / : cf. Verg. *Aen.* 1.457 *totum vulgata per orbem* /; Ovid *Met.* 5.481.

864. vestes pretiosae et pulchra supellex : cf. v.904 and Livy 21.15.2 *multam pretiosam supellectilem vestemque*; 26.21.8; 31.17.6; 39.6.7 *vestem stragulam pretiosam . . . et quae tum magnificae supellectilis habebantur.*

866–867 quodque, ut dare quivit / una dies, sic una potest auferre : cf. Eurip. Fr.420.2–3 Nauck καὶ μί᾽ ἡμέρα / τὰ μὲν καθεῖλεν ὑψόθεν, τὰ δ᾽ ἦρ᾽ ἄνω; Philo *De somniis* 1.154; *De vita Mosis* 1.31; Io. Lydus *De mens.* 4.7; Verg. *Aen.* 10.508 *haec te prima dies bello dedit, haec eadem aufert.*

868. speciale bonum : it refers to *homo imago Dei*, cf. v.220 *speciale decus*; v.743 *specialius*.—Cf. August. *Confess.* 1.5.5 *ut . . . unum bonum meum amplectar, te* [sc. *Deus meus*].

871. durus labor : cf. ad vv.157; 381.—**dolor aegri / corporis** : cf. Prosper *Epigr.* 90.3 *Sed dum mens quaedam patitur mala corporis aegri . . .*

872. turpis egestas / : = Verg. *Aen.* 6.276; Auson. 7.2.4; cf. Seneca *Octavia* 833; Dracont. *De laud. Dei* 2.736; Lucret. 3.65.

873. constans tolerantia : cf. Seneca *Epist.* 66.13 *constantia, aequanimitas, tolerantia*; 67.5 *fortem tolerantiam*.—**palmas** : cf. Prosper *Epigr.* 86.3–4 *Sublimes ut cum palmas clarasque coronas / sumpserit . . .*; *De ingratis* 514; 839.

876. vipereum . . . venenum / : = Lucan 9.635; Claudian 2.9; Prud. *Hamartig.* 609; *Peristeph.* 13.57; Sedulius *Carm. pasch.* 2.186; Mar. Victor *Alethia* 1.419; cf. Martial 7.12.7; Prosper *De ingratis* 934 *viperei calicis gustum procul excutiamus.*—**melle venenum** / : cf. Ovid *Amores* 1.8.104 *Inpia sub dulci melle venena latent*; Valer. Flacc. 1.63; Claudian 10.70; Dracont. *Romulea* 2.110; 7.48; Ennod. *Opusc.* 6.7 v.8; Venant. Fortun. *Carm.* 2.7.21; Prosper *De ingratis* 806–07 et saepius.

877–878 Cf. Prosper *De ingratis* 676–77 *et veteris contagia morbi / tam blande obrepunt, ut quo languetur ametur.* Cf. ad vv.880–883.

879. canceris et ritu : cf. 2 *Tim.* 2:17.—**languentia** : cf. Stat. *Theb.* 10.132; Silius 10.274.—**viscera carpunt** : cf. Ovid *Ibis* 460 *et tua dente fero viscera carpat equus.*

880–883 Cf. Prosper *Epigr.* 42.9–10:

> inque *putres fibras* descendat cura medentis,
> ut blandum morbum pellat amica salus.

4.12 *ut curat medicus vulnera vulneribus*; 95.7–10:

> Non etenim proprio arbitrio curabitur aeger,
> nec vero leges ipse dabit medico.
> Morbida rimetur penetralia dextra salutis
> et depressa gravi viscera peste levet.

De ingratis 595–96: *Quid mirum, rabido si corde freneticus aeger / morbum amat et pellit medicum?*; *Respons. ad capit. Gallorum* 6 (*P.L.* 51, 161 A): *Amat ergo languores suos, et pro sanitate habet quod aegrotare se nescit, donec prima haec medela conferatur aegroto, ut incipiat nosse quod langueret, et possit opem medici desiderare, qua surgat*; Augustine *In epist. Ioh.* 9.4 (*P.L.* 35, 2048 med.): *Timor Dei sic vulnerat, quomodo medici ferramentum; putredinem tollit, et quasi videtur vulnus augere . . . Plus dolet cum curatur, quam si non curaretur . . .*

880. caelo demittere : Verg. *Ecl.* 4.7; *Georg.* 1.23; Ovid *Met.* 1.261; Silius 8.522.

881. putres abscindere fibras : cf. Prosper *Epigr.* 42.9 and Lucan 2.141 *dumque nimis iam putria membra recidit . . .* /

882. teneri : "weak," cf. *O.L.D.*, s.v., 7.—**tabescere morbo** : cf. Seneca *Controvers. excerpta* 3.9 *insanabili morbo tabescere*; Ovid *Trist.* 5.1.77.

885. ulceribus diris : cf. v.78.—**dextra medentis** / : cf. Prosper *Epigr.* 42.9 *cura medentis* /; 95.9 *dextra salutis* /.

887–888 Cf. Prosper *Epigr.* 4.7–8:

> verbere nonnumquam castigans corde paterno [sc. Deus],
> ne cito consumant saeva flagella reos.

5.3–4:

> Nam dum mortalis peraguntur tempora carnis,
> auxilium miseris ipsa flagella ferunt.

75.9 *qui percutit, ipse medetur*; 95.3–4 and 15–16:

> qui tempestatum varia sub clade laborant,
> noscant se iusti ferre flagella Dei.

> Ad veniam tendunt iusti pia verbera Regis:
> ira brevis rectis gaudia longa dabit.

893. dites fructu : cf. v.277.—**impunita senectus** : cf. vv.77; 792; *Eccles.* 7:16 *Iustus perit in iustitia sua, et impius multo vivit tempore in malitia sua.*

894. extremas . . . in oras : cf. Lucret. 1.969–70; 1.980–81; Ovid *Met.* 6.101 et saepius.—**turpis vitae** : Lucan 4.508; Cicero *Pro P. Quinctio* 49.

896. bella excita : cf. Verg. *Aen.* 1.541 / *bella cient*; Livy 2.42.3 *bellum externum excivit.*—**flagra medentia tardis** : cf. v.648.

XII (897–972)

Peroration. To return to our starting point—a Gaul devastated by the flood and the Goths (vv.25–38). You groan at the loss of your earthly goods, but a true servant of God has his goods in heaven alone (897–912). *Instead of grieving over our material losses, we should bewail the lost beauty of our own hearts destroyed by the sin, the very cause of our material destruction* (913–924). *We should blame ourselves alone, and not God's just judgment. A true Christian has all his possessions in Christ alone. Christ can dissolve our treaty with Satan. He is our only hope and our sure salvation* (925–972).

897–900 Cf. Prosper *Epigr.* 23.1–6:

> Quod plerumque mali in sanctos saevire sinuntur,
>   quodque bonis pravi saepe nocere queunt,
> absque Dei nutu non fit, qui corda suorum
>   his etiam bellis glorificanda probat.
> *Crescunt virtutum palmae, crescuntque coronae*:
>   mutantur mundi praelia pace Dei.

Lactant. *Div. inst.* 6.4.11 *dabitur ei corona virtutis*; Jerome *Epist.* 3.5 *fruatur ille virtutis corona*; 96.20 *corona virtutum*.

901. quicquid . . . acerbum / : cf. Verg. *Aen.* 12.678 *quidquid acerbi est /*; Ovid *Trist.* 5.2.21 *multum restabit acerbi /*; Prud. *Symmach.* 2.149–50 *inter acerba / sectandum virtutis iter.*

903–904 talentis / argenti atque auri : cf. Verg. *Aen.* 10.531 */ argenti atque auri memoras quae multa talenta*; 5.112 *argenti aurique talenta /*; Prud. *Peristeph.* 14.102 */ argenti et auri vim.*—**rapta supellex / :** cf. v.864.

907. obscoenique : i.q. *sordidi, immundi*, cf. Lucan 4.311–12.

908–909 Cf. Prosper *Epigr.* 14.1–6:

> Est et in hac vita multis requies data sanctis,
>   quorum animas mundus non tenet occiduus;
> quos desideriis nullis peritura fatigant
>   et quibus omne bonum est Christus et omnis honos.
> Utuntur terra ut caelo, *fugientia temnunt*:
>   quod credunt, quod amant, quod cupiunt, Deus est.

—**caeloque . . . locavit / :** cf. Verg. *Aen.* 12.145 *caelique libens in parte locarim /*; Prud. *Symmach.* 2.868 *caeli super astra locare /*.

911. manifestus : i.q. *certus*, cf. ad v.190.

912. solvi : sc. *a militia*, cf. *O.L.D.*, s.v., 14.

914. proscenia : "terrace," cf. *C.I.L.* 6.406.7–8 *tabulam marmoream cum proscenio et columnis*; 13.3450.

916. penetralia cordis / : = Iuvencus *Euang.* 4.7; cf. supra, v.419 *vestrae penetralia mentis*; Prosper *Epigr.* 51.5 *cordis penetralia*; 22.3 *intima cordis /*; Prud. *Hamartig.* 542 *cordis penetralia figens /*; Zeno of Verona *Serm.* 1.36.21 Löfstedt: *in penetralibus cordis*; 2.3.11; 2.241.1 *pectorum . . . cuncta penetralia.*

917. sorde decorem / : cf. Prud. *Psychom.* 106 *sorde nitorem /*.

918. captivae mentis : cf. Ovid *Amores* 1.2.30; Ennod. *Dictio* 7.2 (p.443.13 Hartel) *mens captiva.*—**mentis in arce / :** cf. Iuvencus *Euang.* 3.666 *animi . . . in arce /*.

923. deformi . . . ruina / : cf. Avien. *Arati Phaen.* 1204 *deformemque . . . ruinam /*; Pliny *Epist.* 10.70.1 *domus . . . deformis ruinis*; Suet. *Vesp.* 8.—**prostrata ruina / :** cf. Prosper *De ingratis* 353 *turpi procumbat strata ruina /*.

926. quae congesta iacent : cf. Prud. *Symmach.* 2.718 */ in cumulos congesta iacent* [sc. *corpora*].—**cordis in aula / :** = Prosper *De ingratis* 375. Cf. Ambros. *In*

*Ps.*118: 21.10 *qui habet in aula sua, corde videlicet suo, verba Dei*; Leo Magnus *Serm.*
19.1 *ut* [sc. *anima*] . . . *in aula mentis possit divinae vacare sapientiae.*

927. captiva manus : cf. Silius 6.349 / *captivamque manum.* Cf. v.945.

927 – 928 nos splendida quondam / vasa Dei : cf. 2 *Tim.* 2:21 *Si quis ergo emun-
daverit se ab istis, erit vas in honorem sanctificatum, utile Domino ad omne opus bonum para-
tum*; Io. Chrysost. *De provid. Dei* 2.2 Παῦλος = σκεῦος ἐκλογῆς.—**arae** : in
metaphorical sense, cf. Ovid *Heroid.* 1.110; *Trist.* 4.5.2; *Ex Ponto* 2.8.68; Blaise,
Dictionnaire, s.v.—**sacraria Christi / :** cf. Verg. *Aen.* 12.199 *sacraria Ditis /* =
Claudian *De raptu Pros.* 1.266; Prud. *Symmach.* 1.379.

931. rabidis . . . questibus : cf. Stat. *Silvae* 5.1.22 *rabidis . . . querelis*; *Theb.*
5.96.

934. fugientis . . . vitae : cf. *A.L.* 471.12 – 13 *I nunc et vitae fugientis tempora
vende / divitibus cenis!*; Lucret. 5.887; Lucan 2.25; Catull. 68.43; Horace *Carm.*
1.11.7 – 8; Seneca *Phaedra* 446; *Job* 9:25 *Dies mei velociores fuerunt cursore: fugerunt
. . .*—**tempore vitae / :** cf. ad v.692.

935 – 936 Cf. vv.77 – 78; 792; 893 – 94; Minuc. Felix *Octavius* 37.7 *Nisi forte vos
decipit quod deum nescientes divitiis affluant, honoribus floreant, polleant potestatibus*; Lact.
Div. inst. 5.12.8 *quia carere iustos vident et affluere iniustos.*

938 – 939 Cf. Prosper *Epigr.* 14.4 *et quibus omne bonum est Christus.*—**res / occiduae** : cf. Idem 14.2 *mundus . . . occiduus.*

941. animi vigor : cf. Prosper *De ingratis* 584; Ovid *Heroid.* 16.51; supra, v.9.

942. servile iugum : cf. Prosper *Epigr.* 101.8 *captaque servili subdere colla iugo*;
Cicero *Philipp.* 1.6 *iugum servile deiecerant*; *Rep.* 2.46; Sen. *De ira* 2.14.4; Commo-
dian *Instr.* 2.39.16; Sedul. *Carm. pasch.* 2.54 – 55.—**ruptisque catenis / :** = Verg.
Aen. 8.225.

943. patriae : sc. *caelestis*, cf. vv.693; 954 and Prosper *Epigr.* 17.1 *Caelestem ad
patriam Christo redimente vocatus*; 31.1 *Caelestem ad patriam tendens cognosce Vocantem*;
69.1 *Ad patriam vitae noctis de valle vocati*; Prud. *Cathemer.* 5.112 *iustorum in patriam
scandere praecipit* [sc. *Christus*]; *Peristeph.* 4.73 – 74.

944. Impia . . . pacta : sc. *cum diabolo*, cf. Jerome *Epist.* 130.7.14; Prosper
Epigr. 65.7 [*ut Christus*] *vacuaret iura tyranni /.*—**saevo . . . tyranno / :** = v.377.

945. captiva . . . manu : cf. Ovid *Ex Ponto* 1.2.48 *aut dare captivas ad fera vincla
manus.*—**resolubile** : cf. Prud. *Apotheos.* 515 *caementum struxit resolubile, iure solutum
est.*

946. iure . . . iusto : *Figura etymologica* for *iusto pacto*, cf. *O.L.D.*, s.v., 10 d.

947. aversos revocans . . . conversos : cf. Prosper *Epigr.* 99.7 / *aversos revocans,
conversis cuncta remittens* [sc. *Deus*]; *De ingratis* 32 *quae sint aversis indebita, debita rectis*;
Paulin. Nolan. *Epist.* 32.23 *ut conversos ad se reficit lumine, ita aversos afficit caecitate.*

948. prodigus Emptor : cf. v.507; 1 *Cor.* 6:20; 7:23; Rufin. *Adamant.* 1.27
emptorem ais esse Christum; August. *In eu. Ioh.* 13.10 (*P.L.* 35, 1497) *illo* [*Christo*]
emptore, illo libertatore, illo decoratore; 123.4 (1967); *T.L.L.* V, 537.27 – 32.

949. Assertoris : "Deliverer, Defender, Witness," as referring to Christ, only
here. Cf. *T.L.L.* II, 871.16 – 84; Blaise, *Dictionnaire*, s.v.; e.g., Cyprian. *Epist.*
10.3 *Certamini suo adfuit* [*Christus*], *proeliatores atque adsertores sui nominis erexit,
corroboravit, animavit*; 44.3 et alibi.

951. somnove quietus in alto / : cf. Horace *Sat.* 2.1.8 *somno quibus est opus
alto /*; Ovid *Ars amat.* 3.647; Martial 1.49.35; Juvenal 6.415 – 16; Livy 7.35.11;
Sen. *De prov.* 5.3; *De ira* 36.2 et alibi.

952. Cf. Io. Chrysost. *De provid. Dei* 1.5 Malingrey.

953. sic pulsata patent : cf. Vincent. Lerinensis *Commonit.* 26.8.—**atria**

vitae / : = Prosper *Epigr.* 19.1 *Arta via est verae quae ducit ad atria vitae*; *De ingratis* 687; Ps.Damasus *Epigr.* 86b.1–2:

> Corporeis resoluta malis, duce praedita Christo
> aetheris alma parens atria celsa petit.

Inscr. Christ. Rossi, II, p.258.5.3–4 *hinc atria summa petebant / caelestis regni, superato principe Averni.*

954. caeli . . . curia cives : cf. v.943 and Prosper *Ad uxorem* 104 *qui [Christus] patriae civem me dedit alterius* [= Paulin. Nolan. *Carm. App.* 1.104]; *Epigr.* 60.1 *Angelicos cives et Christi in membra renatos*; 95.14 *regnum peccati respuat aula Dei*; Prud. *Peristeph.* 2.555–56 *aeternae in arce curiae / gestas coronam civicam*; Ennod. *Epist.* 2.10 (p.50.4 Hartel) *curia caelestis*; Gregor. Magnus *In Euang.* 5.1 *in caeli velut clarissimo senatu a splendidissima curia.* Cf. *curia deorum :* Sen. *Apocol.* 8 and 9; Tertull. *Apologet.* 6.8; Arnob. *Adv. nat.* 5.11.

955. spem veniae : cf. v.794.—**corde foventes / :** cf. Prosper *De ingratis* 144 / *corde foves.*

957. de pravis sensibus : cf. Prosper *De ingratis* 248 *reprobum in sensum . . . reversus*; 848 *hostiles effuge sensus.*

958. certamine primo : cf. Lucan 2.601; 4.621.

960. terroribus impleat : cf. Verg. *Aen.* 11.448 *magnisque urbem terroribus implet /.*—**hostis :** i.e. *Diabolus*, cf. ad v.665.

961. Cf. Verg. *Aen.* 9.159 *interea vigilum excubiis obsidere portas . . .*; 3.400 *obsedit milite campos /.*

962–963 carne vetusta / exuti : cf. Prosper *Epigr.* 66.19 *et carne exuta, dominantem perculit hostem* [sc. *Christus*]; 69.15–16:

> In Christo factus novus, et iam *carne vetusta*
> *exutus*, vilem mente relinquat humum.

—**in Christi . . . corpus :** cf. vv.207; 483; 697; *Rom.* 12:5; Prosper *Epigr.* 60.1–2:

> Angelicos cives et *Christi in corpus* renatos
> non trahat ad veterem carnis origo hominem.

—**renovemur :** cf. vv.499; 694; 761.

965. Cf. vv.542–43; Prosper *De ingratis* 943–44:

> . . . ex Illo [sc. Christo] possint, qui summa atque ultima pacans,
> *ut nos insereret summis, se miscuit imis.*

966. non humanis fidens homo : cf. Verg. *Aen.* 10.152–53 *humanis quae sit fiducia rebus / admonet.*

968. stratique resurgunt : cf. v.481 *non est quo victus vincere possim*; Prosper *De ingratis* 552–53 *nec habet quisquam quo surgere possit / ad vitam . . .*

969. / Haec sat erit : cf. Verg. *Aen.* 3.602 / *Hoc sat erit*; Prud. *Peristeph.* 12.65 / *Haec didicisse sat est*, et saepius.—**rudibus :** cf. vv.88; 100; Prosper *De ingratis* 34.

970. vivo de fonte liquorem : cf. v.761; Prosper *Epigr.* 81.8–10:

> et Christi in nostro pectore regnet amor:
> quo semel impletus, numquam vacuabitur illo,
> *aeterna aeterni flumina fontis erunt.*

John 4:14 *Sed aqua quam dabo ei fiet in eo fons aquae salientis in vitam aeternam*; Ovid

Met. 3.27 *et petere a vivis libandas fontibus undas*; *Fasti* 2.250; Martial 2.90.8 *fons vivus*.

971–972 ab alvo / cordis : cf. Prosper *De ingratis* 582–83 *corrupti et cordis in alvo / persistit* [sc. *peccati ebrietas*]; Prud. *Apotheos.* 583–84 *Christum bibit alvo / cordis* [sc. *virginitas*]; Paulin. Nolan. *Epist.* 21.2 *geminos in alveum cordis sui traxerat fontes*. Authors often confuse *alvus* "belly, depth" and *alveus* "hollow, cavity" (so already Silius 5.49; Tacitus *Hist.* 3.47); cf. *T.L.L.* I, 1804.16–19; 1791.69–81.— **irriguus :** i.e. *affluens, abundans, copiose currens* (*T.L.L.* VII, 421.67).—**irriguas ... urnas :** cf. Verg. *Georg.* 4.32 *inriguumque bibant violaria fontem*; Calpurn. *Ecl.* 2.49; Prud. *Apotheos.* 395 *inriguus fons* [sc. *Christus*] /, et alibi; Tibull. 2.1.44 *inriguas ... aquas* /; Ovid *Amores* 2.16.2; *Nux* 66; *Deuteronom.* 11:10.

INDEX VERBORUM

a : 209; 269; 274; 285; 300; 317; 730; 772;
  829.—ab : 40; 59; 83; 90; 95; 136; 151;
  154; 189; 284; 291; 304; 312; 342; 414;
  415; 443; 490; 527; 581; 659; 667; 710;
  715; 728; 736; 971
abdo : 191
abduco : 906
Abel : 306
abeo : 323; 543; 670 bis
abjicio : 768
Abram : 347
abrumpo : 755
abscedo : 776
abscindo : 881
absisto : 724
absolvo : 300
absque : 625
abstineo : 312
absum : 5; 189; 329; 736
abyssus : 933
ac : 7; 95; 174; 178; 189; 208; 255; 420;
  647; 760; 764; 789; 870; 875; 910. Cf.
  atque
accido : 814; 902
accipio : 243; 287; 452; 585; 691
acerbus : 318; 378; 901
acetum : 523
actus : 639; 788
ad : 143; 380; 406 bis; 442; 470; 547; 562;
  565; 640; 646; 654; 677; 682; 742; 747;
  794
Adam : 275; 489
adeo *v.* : 82; 588; 629
adeo *adv.* : 180; 423
adjicio : 163
adimo : 192
adipiscor : 257
admitto : 25; 107*
adorno : 367*
adoro : 674; 768
adsum : 254; 653; 798; 804
adulter : 426.—adultera : 81
adversus : 121; 638
adytum : 532
aedes : 31; 865
aeger : 166; 170; 871
Aegyptus : 356; 386; 404; 828
aenigma : 364
aequo : 232
aequor : 98; 147; 572; 598; 773

aequoreus : 36
aequus : 408; 418; 585; 601; 654; 743.
  aequum *subst.* : 635
aër : 217
aestimo : 274
aestus : 136; 818
aetas : 41; 173; 296; 469
aeternus : 161; 203; 248; 320; 798
aether : 328; 659
aethereus : 644
aevum : 178; 247; 325; 413; 430; 466
affectus : 568; 608
affero : 236; 700; 899
afficio : 640; 907
affigo : 641
afflatus : 274
affluo : 754
ager : 27; 139; 422; 573; 682; 913; 937
agmen : 394; 623
agnosco : 108; 421; 479; 670
ago : 12; 20; 76; 84; 175 bis; 237; 269; 412;
  424; 430; 516; 569; 627; 665; 727; 741;
  774; 802
agon : 605
aio : 23; 558
ales : 833
algeo : 137
alienus : 841; 856
aliquis : 32; 93; 130; 848
aliter : 583; 734
alius : 51; 122 bis; 325; 341; 493; 569; 582;
  790
almus : 53; 512; 580; 928
alo : 123; 147; 216
Alpes : 573
altaria : 305; 684
alter : 546 bis
alternus : 397
alteruter : 476
altus : 35; 182; 279; 951. altum = mare :
  772
alvus : 492; 971
amarus : 129; 309; 411
ambio : 184
ambo : 233
amitto : 211; 645; 904
amnis : 36; 259; 574; 578; 694; 832
amo : 71; 162
amor : 48; 347; 550
amplector : 869; 886

909; 954
caeruleus : 140
Cain : 309
calco : 534
calidus : 117
calix : 875
callidus : 665
callis : 548
calor : 399; 838
campus : 852
cancer : 879
cano ; 441; 703
capio : 124; 324; 538; 549; 604; 666; 722; 852; 853; 930; 938
captivus : 504; 918; 927; 945
caput : 273
carcer : 363; 837
cardo : 710
careo : 109; 428
carmen : 5
caro : 324; 465; 478; 483; 494; 504; 535 bis; 962
carpo : 58; 78; 879
carptim : 133
carus : 377
castellum : 35
castra : 397; 609; 623
castus : 73; 363
casus : 564; 715; 924
catena : 942
causa : 3; 23; 111; 121; 134; 149; 168; 210; 235; 302; 353; 358; 371; 391; 491; 630; 737; 795; 898
cautus : 475; 651
cedo : 189*; 390; 402; 406; 509; 519; 561; 569; 625; 642; 785
celer : 796
celsus : 83; 572
censeo : 349; 589; 858
cerno : 64; 191; 477
certamen : 912; 958
certus : 149; 180; 742.—certe *adv.* : 358
cesso : 40; 70; 78; 728
ceterus : 224
ceu : 60; 246
Chaldaeus : 628
Chananaeus : 356
chelydrus : 141
Christus : 302; 488; 499; 525. Christi : 146; 343; 462; 513; 686; 761; 908; 928; 963. Christo *dat.* : 770; 945. Christum : 498. Christo *abl.* : 202; 206; 211; 326; 457; 562; 695; 938
cibus : 833
cinis : 925
circumdo : 102

circumjicio : 609
citus : 187; 799
civilis : 661
civis : 954
clades : 337; 345; 390; 445; 839; 920
clarus : 128; 622; 764
claudo : 110; 682; 961
clavus : 539
clemens : 749
cliens : 865
coaequo : 515
coëo : 223; 404; 968
coepi : 416
cognosco : 98; 268; 367; 537
cohibeo : 179; 600
collis : 572
colo : 277; 616; 767
columna : 395
commentum : 671
committo : 43
commodum : 397
communis : 816
compatior : 821
comperio : 550; 723
complector : 497; 662; 848
comprendo : 261
comprimo : 4
compugno : 121
concedo : 195
concido : 620; 740
concilio : 596
concipio : 282; 315
concludo : 338
concutio : 13; 528
conditio : 161; 230; 454; 464; 680
Conditor : 212; 466
condo : 113; 121; 153; 177; 221; 380; 433; 515; 690
confero : 150; 162; 500; 846
conficio : 92; 158
confido : 257
confiteor : 462
conflictus : 959
confoveo : 776
confundo : 62; 372; 709
congero : 863; 926
congrego : 889
coniungo : 505
conscribo : 945
consero, -sevi : 633
consisto : 447
consocio : 482
consors : 228
conspicuus : 541
constans : 873
constringo : 637

consumo : 89; 382
contemno : 144
contendo : 129; 668; 699
contingo : 12
contra *adv.* : 641
contrarius : 122; 223
convenio : 474
converto : 307; 823; 947
convicium : 521
coquo : 310
cor : 6; 22; 70; 90; 194; 282; 420; 499; 513; 647; 660; 916; 926; 955; 972
coram *adv.* : 653
corona : 255; 319; 605; 852; 900
corporeus : 160; 265; 503
corpus : 103; 116; 343; 479; 530; 697; 872; 963
corrumpo : 271
cras : 804
Creator : 465
credo : 24; 156; 164; 446; 479; 569; 625; 870
credulus : 347
cremo : 810
creo : 130; 142; 171; 236; 432; 496; 502; 585; 634
cresco : 253; 508; 678; 899; 937
crimen : 44; 73; 85; 289; 336; 435; 841; 846; 892; 937
cruciabilis : 225
crudelis : 315
cruentus : 425; 533
crux : 525; 549; 829; 875; 930
culpa : 152; 276; 290; 330; 748; 841; 847; 858; 900
culpo : 932
cultus : 245; 667; 672; 675
cum *praep.* : 207; 215; 227; 250; 293; 421; 432; 463; 547; 593; 813; 939; 944; 962
cum *coni.* : 17; 59; 87; 112; 132; 165; 168; 220; 247; 278; 321; 327; 329; 335; 347; 350; 356; 368; 400; 434; 439; 441; 469; 478; 538; 540; 556; 567; 612; 619; 635; 646; 662; 665; 678; 682; 741; 757; 824; 842; 880; 884; 923; 970
cumulus : 253
cunctus : 65; 108; 124; 135; 206; 258; 264; 290; 297; 303; 370; 407; 410; 427; 490; 551; 602; 640; 726; 807; 819; 897; 919; 960
cupidus : 443; 912
cupio : 136; 560; 796
cur : 10; 46; 554 bis; 555 bis
cura : 5; 64; 83; 157; 167; 186; 197; 303; 329; 384; 415; 434; 451; 551; 565; 629; 724; 741; 880. cura Dei : 83; 329; 415;

565; 741
curia : 954
curo : 718; 855
curro : 469; 548; 648
currus : 328
cursus : 126; 214; 698; 890
custodia : 436

damno : 275; 363; 426; 435; 522; 527
damnum : 253; 915
de : 172; 190; 242; 321; 338; 353; 503; 535; 549; 565; 660; 666; 763; 782; 957; 964; 970
debeo : 107; 712
decennis : 33
decerno : 250
decerpo : 285
decerto : 605
decet : 9
decipio : 830
declino : 564; 714
decor : 145; 917; 930
decorus : 877
decretum : 706
decurro : 371; 491; 574
decursus : 627
decus : 205; 220; 858
dedecus : 773
dedignor : 369
dedo : 919
deduco : 207; 722
deficio : 838
defleo : 913
deformis : 923
degener : 204
dejicio : 193; 280; 619; 811
delabor : 686
deleo : 336; 842
deliciae : 283
delictum : 270; 639; 777
demitto : 880
demo : 196
deni : 412; 540
denique : 134; 181; 901
densus : 127
depello : 170
descendo : 350; 748
describo : 429; 513
desero : 49; 913. desertum *subst.* : 396; 412
despicio : 650
destringo : 426*
destruo : 302
desum : 29; 105; 869
desuper : 643
detego : 721
deterior : 557; 579

emendo : 888
emo : 507
emptor : 948
en : 500
enarro : 364*
enim : 405; 427; 489; 507; 561; 673; 709; 849
Enoch : 321
eo, ire : 214; 414; 419; 440; 511; 547; 663; 728; 891
epoto : 906*
ergo : 432; 597; 644; 689
erro : 558 bis
error : 93; 106; 292; 476; 561; 592; 628; 643; 670 bis; 722; 767; 774; 791
esca : 596
et : 6; 14; 16; 18; 19; 22; 31; 34; 41; 57; 63; 66; 73; 79; 92; 103; 106; 109; 110; 114 ter; 120 bis; 128 bis; 129; 133; 135; 144; 150*; 151 bis; 154; 158; 160; 161; 170; 174 bis; 175; 177; 178; 181 ter; 182; 184 bis; 186; 194 bis; 196; 198; 200; 207 bis; 211; 213; 217; 226; 228; 233; 234 bis; 238; 243; 254; 257; 258; 259 bis; 260; 261; 262; 263; 268; 270; 273; 276; 279; 286; 302; 314; 319; 359; 377; 379; 381; 390; 394; 398 bis; 399; 400; 408; 410; 411; 414; 419; 421; 426; 427; 433; 438; 439; 446; 452; 465; 481; 487; 491; 495; 496; 508; 516; 523; 525; 528; 535; 539; 541; 546; 551; 552; 555; 556*; 558; 569; 575; 584; 592; 601; 609; 611; 616; 623; 630; 640; 643 bis; 647 bis; 650; 653; 655; 656; 661; 675; 680; 705; 714; 726; 733; 741; 759; 761; 762; 765; 769; 770; 784; 818; 819; 823; 826; 833; 840; 843; 848; 859; 862; 864; 866; 870; 871; 872 bis; 879; 882; 884; 888; 893; 896; 899; 912; 914; 928; 929; 930 bis; 932; 935; 937 bis; 943; 947; 954; 957; 959; 961; 963; 968; 972
etenium : 63; 233; 429; 467; 480; 600; 795; 877
etiam : 5; 346; 442; 531; 570; 591; 686; 887; 921
evado : 93; 827
evalesco : 38
eveho : 861
evolvo : 210; 409
exacuo : 886
exagito : 124
examen : 351; 805
exanimus : 560
excelsus : 619
excidium : 447
excio : 388; 530; 896

excipio : 775
excludo : 284
excoquo : 141
excutio : 902; 941
exemplum : 304; 323; 414; 515
exeo : 178
exerceo : 245; 897
exhaurio : 810
exhinc : 542
exigo : 639; 687
exiguus : 198; 271; 375; 934
eximius : 145
eximo : 355; 365; 844
exitium : 332; 846
exitus : 230; 851
exordium : 201; 504
experientia : 286
experior : 814
expers : 117; 224; 841
explico : 158
expolio : 461
exporto : 940
extendo : 267; 654
externus : 236; 359; 440; 650; 657; 858
extinguo : 39; 534
exto : 111; 118
extremus : 102; 894
exul : 60; 76
exulto : 77
exuo : 963
exuro : 914

facilis : 87
facinus : 315
facio : 213; 387; 494; 528; 567; 568; 603; 617; 679; 767; 921. factum *subst.* : 515; 616
factor : 155
facultas : 11; 408; 654; 796
fallax : 424
fallo : 308; 362; 708; 936. falsus : 79; 703
fames : 357
famulor : 406; 678
famulus : 865; 903
fas : 130; 507; 708
fascis : 58; 72; 138
fatum : 668; 715
favus : 524
fax : 920
fel : 310; 523
felix : 11; 701; 860
femina : 455
ferculum : 834
feritas : 750
fero : 8; 42; 164; 169; 226; 368; 403; 512; 599; 607; 706; 820; 891

ferus : 311; 393. fera *subst.* : 145; 200
festino : 800
festinus : 949
fibra : 433; 881
fidelis : 897; 950
fides : 70; 348; 437; 461; 498; 538; 610
fido : 966
fiducia : 254
figo : 553; 705
filius : 501
finis : 174; 179; 318; 469; 545; 679; 742; 793; 825; 852
firmo : 540; 710; 955
fimus : 475
fio : 465; 525; 566; 579; 789; 832 bis; 952
flagellum : 888
flagrum : 55; 896
flamma : 14; 399; 684
fletus : 19; 950
flos : 735
flumen : 971
fluo : 726
foedus : 416; 730; 946
foetus : 379
fomentum : 920
fons : 411; 635; 761; 970
forma : 113; 313; 396; 407; 589
formido : 704
formo : 222; 571
forte : 41; 63; 93; 142; 196
fortis : 314; 518
foveo : 360; 739; 859; 878; 955
frango : 7; 19; 342
frater : 310; 361; 367; 956; 972
fraus : 721
frigidus : 117
frigus : 136; 818
fructus : 893
fruor : 783
frustra : 668; 858
frux : 29; 277
fucus : 593
fugio : 527; 533; 651; 712; 934
fumo : 17
fundo : 595; 863; 958
fundus : 31
fungor : 495
furiosus : 425
furor : 37; 526
furtum : 425

Gallus : 27
garrulus : 552
gaudeo : 367; 771
gaza : 394
geminus : 135; 473

gemo : 56; 903
genero : 301; 331; 756; 878
genitor : 108; 221; 348
gens : 103; 203; 330; 377; 442; 526; 743
genus : 114; 200; 210; 270; 273; 338; 349; 436; 454; 472; 735; 759
gero : 61; 408; 433; 802 bis
Geta : 57; 143
Geticus : 34; 905
Gigas : 331
gigno : 174 bis; 224; 421; 695; 785
gladius : 34; 426; 610
glorifico : 545
gradus : 403; 833
Graecus *subst.* : 456; 769
grassor : 918
gratia : 497
gratis : 500
gravis : 5; 168
gravo : 173
grex : 306
gusto : 971
gustus : 877

habena : 599; 727
habeo : 6; 112; 182; 221; 239; 297; 388; 392; 696
hactenus : 542
haereo : 557
hasta : 539
haurio : 228; 524
Hebraeus : 366
Helias : Helim : 366
herba : 148; 262
here : 804
heres : 438
herous : 96
heu : 33; 552
hic : 71; 72 bis; 75; 109; 111; 221; 258; 260; 264; 289; 505; 701 ter; 702; 769; 887; 892; 895; 904; 906; 925. haec : 153; 185; 191; 287; 305; 374; 506; 559; 700. hoc : 61; 172; 220; 267; 289; 462; 467 bis; 468; 484; 554 bis; 575; 577; 594 bis; 595; 597; 607; 612; 625; 638; 651 bis; 665; 676; 703; 716; 741; 813; 869; 899; 900; 908; 921; 925; 934; 946; 969
hic *adv.* : 506; 605
hinc : 669
homicida : 425
homo : 23; 103; 197; 220; 238; 257; 267; 287; 290; 330; 343; 369; 454; 473; 479; 490; 493; 500; 545; 546; 552; 582; 589; 597; 637; 642; 668; 676; 690; 699; 751; 842; 868; 966. Homo = Christus : 473; 479; 493; 545

ingredior : 587
inhonorus : 75
iniquus : 375; 636; 651; 814; 822; 898
iniustus : 67; 138; 378; 519; 746; 820; 895;
    935. iniuste *adv.* : 844
innascor : 108
inno : 217
innumerus : 349; 590; 720; 765; 865
innuptus : 47
inops : 75; 811
inquam : 649; 701; 781; 785
insanus : 314
insero, insitus : 244
insignis : 395
insinuo : 514; 647; 720
insomnis : 166
insons : 43; 80; 368; 639; 815; 821
inspicio : 421; 917
inspuo : 522
instabilis : 126
instar : 402; 745
insto : 824
insum : 115; 286
integer : 77
intentus : 120; 157; 461
inter : 14 bis; 57; 137; 241; 359; 412; 777;
    892
intercipio : 779
interjicio : 731
interimo : 790
interitus : 225
intra *praep.* : 601
intremo : 529
intrepidus : 14; 141. intrepide *adv.* : 911
intro : 100; 591
intus : 239; 419; 665
invalidus : 16
inveho : 939
invenio : 67; 353
invictus : 9
invideo : 279
invidia : 40; 310; 623
invitus : 951
involvo : 840
Ionas : 445
Ioseph : 361
ipse : 49; 153; 312; 376; 384; 414; 419; 424;
    506; 509; 523; 637; 656; 683; 971. ipsa :
    301; 660. ipsum : 342; 845
ira : 314; 352; 376; 388; 406; 688; 748; 778;
    786; 814; 838; 931
irriguus : 972
is : 561
iste : 140; 816; 889; 895; 900; 940. ista :
    275. istud : 90; 97; 268; 373; 383; 448;
    652

ita : 734
iter : 562; 783
iubeo : 380; 385; 511; 547; 633; 676.
    iussum *subst.* : 567; 636
Iudaeus *subst.* : 465
iudex : 344; 352; 371; 522; 748; 789
iudicium : 79; 589; 786; 854; 932
iugalis *subst.* : 327
iugulo : 708
iugum : 511; 942
iungo : 223; 859; 965
ius : 231; 240; 393; 418; 431; 644; 689;
    690; 744; 946
iustitia : 245; 519; 808; 871
iustus : 73; 297; 306; 317; 344; 371; 375;
    757; 820; 848; 895; 931; 946
iuvenis : 75; 766
iuventus : 366
iuvo : 199; 414; 775; 856

labes : 33; 764
labor *v.* : 1; 780; 836
labor *n.* : 23; 157; 169; 381; 625; 725; 850;
    871; 910
laboro : 79
lacer : 60
lacrima : 915
laedo : 797
laetor : 936
langueo : 879
lapsus : 125
laqueus : 721
largior : 278; 745
largus : 333
lateo : 201; 305; 664; 676; 806
later : 380
latus *adi.* : 294. late *adv.* : 595
laudo : 50; 864
laus : 149; 163
laxo : 393
lego : 306; 557
leo : 838
letum : 302; 735*
levis : 594; 766
lex : 98; 414; 421; 429; 432; 467; 471; 510;
    566; 599; 632; 636; 655; 690; 691
libellus : 969
liber *n.* : 97; 433
liber *adi.* : 12; 99; 184; 238; 276; 337; 456;
    511; 556
libertas : 374; 661; 943
libido : 891
libo : 875
licet : 45; 298; 372; 439; 537; 683; 780;
    827; 960
ligo : 401

limen : 82; 440; 828
limes : 182; 561; 742
linea : 563
lingua : 22; 88; 521
liquidus : 128; 217
liquor : 970
lis : 957
littera : 435
loco : 693; 909
locuples : 277
locus : 26; 30; 67; 100; 179; 752; 786
longinquus : 188
longus : 3; 146; 245; 448; 471; 791; 850
loquor : 400; 442
Loth : 355
lubricus : 125
Lucifer : 619
lucrum : 782
luctus : 446
ludus : 771
lumen : 215; 246; 459; 544 bis; 586; 819
lumino : 586
luna : 215; 260; 675; 732
lupus : 142
lux : 94; 398; 522; 536; 548; 678; 763
lynx : 142

maestus : 4; 379
magis : 782; 915. mage : 460; 462; 631
magister : 206. magistra : 615
magnanimus : 749
magnus : 165; 180; 196; 254; 597; 612;
    813; 839; 862; 865. maior : 41; 232; 281;
    286; 933. maximus : 1; 67; 808
maiestas : 301; 464; 484
maledictum : 524
malignus : 88
malo : 74; 137; 883
malus : 52; 345; 554; 726; 787; 821; 845;
    848; 849. pessimus : 585. malum *subst.* :
    15; 26; 33; 62; 368; 711; 820; 854; 884
    bis
mandatum : 284; 646
maneo : 10; 175; 230; 248; 298; 464; 622;
    681; 737; 754; 817; 922
manifestus : 190; 911
manna : 410
mano : 290; 659
manus : 56; 221; 274; 520; 538; 654; 921;
    927; 945
mare : 115; 567; 613; 832
mater : 379
maturus : 77
medeor : 150; 885; 896
medicus : 92; 880
medius : 528

mel : 876
membrum : 184; 413; 761
memini : 649
memor : 437
mendacium : 424
mens : 12; 21; 160; 167; 240; 372; 416;
    419; 460; 511; 588; 918; 932
mensa : 141
mensis : 1
mensura : 586
merces : 575; 648; 673
mercor : 669
mereo : 26; 42; 326
mergo : 159
meritum : 298; 344; 822; 922
messor : 834
meta : 182 bis; 733; 755
metuo : 138
metus : 100; 204
meus : 486; 786
miles : 961
militia : 675
mille : 765; 870. milia : 403; 843
minister : 907
ministerium : 46; 523
minuo : 194; 234
miraculum : 409; 477
miror : 71
misceo : 464; 488
miser : 54; 166; 701; 704; 720; 857; 869
misereor : 346
moderamen : 185
moderor : 727
modestus : 242
modo : 376; 422
modulor : 594
modus : 6; 113; 571; 601; 870
moechus : 426
moles : 153; 739
mollis : 127; 662
momentum : 132; 601; 634
moneo : 209; 671. monitum *subst.* : 445
monile : 905
monitus : 441; 655
mons : 35; 402; 572
monstro : 395
monstrum : 331; 567
mora : 95; 677
morbus : 342; 810; 878; 882
morior : 525
moror : 448; 648
mors : 40; 226; 290; 295; 299; 323; 381;
    470; 480; 486; 487; 490; 529; 534; 611;
    652; 701; 781; 849; 872; 878
mortalis : 695. mortale *subst.* : 486; 718.
    mortales *subst.* : 334; 493; 700

numerus : 96; 113; 178; 261; 601; 614
numquid : 317; 565 bis; 580; 581; 618
nunc : 510; 723; 759; 775; 806; 887
nunquam : 188 bis
nurus : 905
nusquam : 183; 563; 776
nutrio : 259

o : 11; 159
ob : 298
obduco : 876
obeo : 815
obex : 837
objicio : 129; 725; 924
oblecto : 423
obliviscor : 199
obnoxius : 253
obruo : 810; 826
obscoenus : 907
obscurus : 129; 364
obsequium : 390; 512
observantia : 510
obsido : 961
obsisto : 122
obsum : 134; 658; 835; 944
obtego : 917
occasus : 319
occido : 847
occiduus : 939
occultus : 806
occumbo : 841
occupo : 173
occurro : 123
Oceanus : 28
oculus : 18; 160; 803
odium : 75; 895
odor : 595
offendo : 42; 533; 853
officium : 933
olea : 30
Omnipotens *adi.* : 501; 691. *subst.* : 195;
    567; 671; 741
omnis : 38; 71; 105; 112; 123; 153; 176;
    184; 220; 322; 329; 338; 353; 382; 405;
    428; 432; 456; 478; 489; 494; 550; 586;
    590; 603; 642; 692; 707; 708; 715; 737;
    739; 747; 798; 805; 817; 938; 963
onero : 141; 305
operio : 531; 630; 721
opifex : 120
oppidulum : 355
oppidum : 35
opprimo : 68; 404
oppugno : 609
ops : 72; 266; 406; 882; 949
opto : 252

opus : 132; 477; 612; 651; 717
ora : 474; 894
orbis : 67; 212; 276; 335; 527; 606; 758;
    842; 863; 939
orbita : 624
ordo : 62; 618; 713; 728; 737; 835
origo : 213; 235; 304; 428; 736; 760
orior : 660; 957
ortus : 154; 209; 472; 731
os : 19; 70; 408; 443; 656; 932
ostento : 593
ostrum : 144
otium : 156; 171; 662
ovis : 60; 306

pactum : 944
pagina : 2
palma : 873
palus : 574
panis : 410
par : 338
paradisus : 276
parco : 21; 203; 352; 391; 762; 822; 885
parens : 199; 209; 269; 292; 300; 362; 491;
    592; 666; 767; 840
pario : 3; 344; 348; 652; 659; 873
pariter : 25; 228; 757; 818
paro : 359; 520
pars : 1; 68; 76; 131; 450; 453; 476; 509;
    620; 621; 684; 751
participo : 495
partior : 167; 744
parvus : 355; 969. minor : 485. minus :
    235. minores *subst.* : 290; 325. minimus :
    794
passim : 16
pastor : 60
pateo : 551; 654; 806; 837; 851; 919; 953
Pater : 427; 431; 463. pater : 383; 400; 503;
    761; 846
paternus : 463; 775
patientia : 749; 762
patior : 95; 353; 375; 389; 424; 608; 688;
    797
patria : 17; 943
patriarcha : 358; 468
patrius : 244; 437; 888
patulus : 591
pauper : 516; 583
paveo : 10
pax : 63; 935
peccatum : 194; 751; 764; 942
pecco : 781; 887
pecus : 29; 200; 216; 422; 906
pelagus : 8; 401
pello : 59; 291; 620

pretiosus : 864
pretium : 362; 507
primitiae : 306
primordium : 316
primoris : 40
primus : 209; 269; 300; 958. primum *adv.* :
  101
princeps : 279
principium : 494; 584
prior : 176; 458; 777. prius *adv.* : 300; 351;
  637; 790; 909
pro *praep.* : 602; 664; 900 bis
probitas : 711
probo : 384; 590
probus : 788
procedo : 598; 874
procer : 143
procido : 958
procul : 670; 772
procurro : 101
prodigus : 948
prodo : 361
produco : 428; 894
proelium : 241; 250
profanus : 51; 672; 685
profero : 120; 606
proficio : 234
profundo : 971
profundus : 370; 402; 759. profundum
  subst. : 100; 182
progenies : 347; 697; 845
progigno : 646
promereo : 447
promitto : 349; 758; 912. promissum
  subst. : 254; 438; 540; 640
promo : 91; 656
promptus : 99; 304; 352
promoveo : 395
pronus : 125
propago : 759
prope *adv.* : 68; 469
propello : 476
propere : 778
propero : 755
propheta : 441; 681
propono : 202; 255; 326
proprius : 6; 745; 856; 891; 915; 948
prorogo : 193
proscenium : 914
prospicio : 665
prosterno : 923
prosum : 135; 323
prudentia : 738
pruina : 137
pubes : 760
pudor : 70

puella : 43; 843
puer : 43; 843
pugna : 874; 956
pulcher : 213; 612; 864
pulso : 953
pulvereus : 57
punctum : 803
purus : 281
puter : 881
puto : 197; 208; 243; 268; 728; 800; 813

qua : 403; 508*
quadrans : 794
quaero : 414; 621; 628; 700; 948
quaestus : 862
qualis : 275
quam : 51; 88; 160; 301; 583; 585; 772;
  883; 889
quamquam : 5; 295; 805
quantus : 90; 312; 500; 673; 873
quare : 45
quater : 412; 540
quatio : 661; 809
-que : 8; 17; 20; 23; 24; 30; 50; 75 bis; 80;
  84; 94; 113 bis; 115 bis; 123; 142 bis;
  143; 154; 157; 159; 163; 165; 168; 178;
  180; 192; 199; 204; 210; 215; 220; 223;
  224; 227; 237; 240; 247; 249; 253; 260;
  261; 272; 274; 297; 312; 313; 322; 324;
  335; 344; 353; 355; 356; 362; 366; 369;
  384; 401; 403; 406; 428; 441; 449; 460;
  461; 463; 465; 471; 473 bis; 480; 493;
  494; 497; 507; 509; 523; 528; 529; 533;
  538 bis; 540; 547 bis; 553; 557; 562; 564;
  568; 574; 588; 590; 607; 608; 610; 612
  bis; 614; 620; ⟨625⟩; 634; 635 bis; 638
  bis; 639; 649; 658; 660; 663; 665; 666;
  668; 672; 674; 675; 677; 683; 697; 698;
  699; 708; 732; 735; 739; 766 ter; 774;
  775; 782; 783; 789; 790; 798; 802; 809;
  811; 812; 817; 819; 832; 834; 835; 850;
  853; 856; 858 bis; 865; 866; 868; 877;
  878 bis; 880; 881; 889; 891; 897; 905;
  906; 907; 909; 913; 917; 918; 920; 924
  bis; 936; 942; 956; 968
queo : 155; 556; 706; 866
querela : 152; 723; 886
queror : 39; 618; 747
querulus : 20; 552
questus : 370; 931
qui *rel.* : 11; 13; 23; 44; 49; 69; 70; 118;
  144; 153; 156; 161; 162; 172; 183; 195;
  207; 259; 278; 283; 286; 298; 303; 306;
  309; 352; 368; 376; 415; 423; 430; 463;
  470; 473; 484; 488; 498; 514; 545; 561;
  562; 571; 580; 586; 600; 606; 617; 635;

revoco : 311; 731; 788; 947
Rex : 388*; 516; 691; 738; 749. rex : 143;
    364; 378; 458; 518; 584
rigo : 19
rigor : 401; 778
rimor : 539
rite : 130
ritus : 879
rivus : 101
roro : 683
rubigo : 270
rudis : 88; 100; 969
ruina : 13; 294; 471; 740; 923
rumpo : 942
ruo : 10; 620
rupes : 411; 578
rursus : 211; 552
rusticus : 139
rutilus : 328; 830

sacer : 46; 59; 492; 532; 694; 829. sacrum
    subst. : 81; 439; 685
sacerdos : 53
sacrarium : 928
sacrilegus : 520
saeculum : 110; 297; 417; 807. saeclum :
    449
saepe : 442; 541; 725; 809
saevus : 377; 381; 750; 793; 944
Salomon : 443
salus : 80; 392; 551; 646; 886
Salvator : 483
salvo : 192; 455
salvus : 799; 952
sanctus : 91; 273; 305; 430; 436; 511; 600;
    681; 684; 711; 752. sanctus subst. : 345;
    524; 530; 746; 825; 832; 899. sanctum
    subst. : 533
sane : 29
sanguis : 513; 829; 948
sapiens : 238; 908
sapientia : 519
sapio : 770
sapor : 410; 596
satis : 670. sat : 969
Sator : 132
saucius : 22
saxum : 574
scando : 328
scelus : 25; 316; 334; 707; 893; 936
sceptrum : 930
scio : 147; 262; 371; 673
scribo : 2; 420; 829; 969. scriptum subst. :
    655
scrutor : 630; 716
Scytha : 456

Scythia : 143
Scythicus : 89
se : cf. sui
sector v. : 146; 651
secundus : 99; 365; 959
sed : 100; 146; 183; 195; 218; 238; 242;
    266; 293; 315; 318; 342; 383; 390; 407;
    436; 473; 486; 488; 492; 516; 543; 587;
    604; 610; 624; 642; 660; 721; 805; 824;
    875; 908; 923; 941
sedes : 696
semel : 291; 315
semen : 29; 114; 271; 302; 342; 427; 503;
    581; 736
semper : 110; 172; 463; 570; 622; 804; 816
senectus : 893
senesco : 792
senex : 75; 766. senex subst. : 59
senium : 702
sensus : 575; 957
sententia : 559; 825
sentio : 105; 172; 388; 526
septem : 357
sepulcrum : 529
sequor : 80; 623; 769
sera : 837
series : 334
sermo : 95; 311; 448; 514
sero, satus : 90; 618
sero, sertus : 668
Seres : 144
servatrix : 653
servilis : 942
servio : 265; 405; 650; 677; 693
servo : 9; 318; 337; 735; 805; 954
servus : 362; 455; 518; 584; 833*; 835; 908
seu : 104 bis; 231; 232. sive : 116; 117
severus : 789; 853; 883
si : 7; 8; 10; 27; 33; 65; 83; 106; 142; 162;
    170; 241; 267; 477; 482; 501; 548; 577;
    626; 637; 645; 657; 658; 698; 703; 706;
    713; 753; 777; 848; 870; 901; 910; 916;
    941; 949; 962
sic : 55 bis; 56; 127 bis; 155; 179; 325; 377;
    443; 445; 498; 546 bis; 570; 712; 731;
    755; 787; 820; 867; 953
siccus : 117; 411
sidereus : 634
sidus : 260; 613; 626; 641; 674; 705
signum : 537; 828
silentium : 3
sileo : 61
similis : 428; 784
simul : 158; 175
simulo : 390
sincerus : 307; 635; 970

sine : 58; 73; 177; 288; 478; 479; 575; 599; 967

singuli : 146

sino : 386

sitio : 139; 682

situs : 125

soboles : 756

socio : 889; 965

Sodomi : 354; 827

sol : 136; 214; 260; 527; 675; 731; 817

soleo : 372

solers : 738

solidus : 128; 401; 451

sollicitudo : 170

sollicitus : 629

solus : 86; 112; 150; 177; 185; 337; 480; 497; 602; 649 bis; 691; 768; 831

solvo : 471; 508; 714; 812; 836; 912

somnium : 361

somnus : 364; 951

sonus : 594

sophicus : 769

sordes : 917

sors : 200; 713

spargo : 87; 968

sparsim : 449

spatium : 178; 375

specialis : 220; 868

specialiter : 743

species : 308; 517; 587; 877

speciosus : 921

specto : 83; 174; 590; 854

speculum : 246; 459; 460

sperno : 322; 909

spes : 202; 255; 324; 468; 664; 704; 745; 794; 955

spiculum : 534; 611

Spiritus : 502; 512; 964

spiro : 264; 338; 570; 734; 739

splendidus : 927

spondeo : 208

sponte : 199; 837; 902; 952

squalidus : 913

stabilis : 126; 484

statio : 776

statuo : 114

stella : 215; 716

sterno : 34; 572; 968

stipo : 591

stirps : 695

sto : 18; 24; 32; 155; 564; 574; 589; 673; 703; 780; 959; 967 bis

stolide : 423

strages : 13; 294

struo : 312

studium : 9; 74; 592; 666; 722

suadeo : 718

sub *cum acc.* : 439; 511. *cum abl.* : 15; 61; 84; 138; 166; 198; 226; 371; 445; 898; 910

subdo : 231

subeo : 17; 51; 249; 486; 529; 733; 818; 911

subiaceo : 559

subjicio : 259; 265; 614

subigo : 289; 480; 812

subitus : 740

sublimis : 203

subsisto : 135; 149; 676; 737; 803

substantia : 222; 324

subverto : 717; 946

succedo : 438; 466; 760

succendo : 310

suesco : 50

suggero : 834

sui : sibi : 317; 384; 523; 569; 581; 614; 638; 789. se *acc.* : 207; 232; 250; 273; 488; 967. sese : 27; 268; 313; 568; 707. se *abl.* : 111; 207; 227; 239; 242; 250; 485; 488; 493; 576

sulcus : 395

sum : 554 bis. es : 506; 507; 546; 556. est : 2; 30; 32; 89; 100; 103; 108; 112; 116; 119; 140; 145; 146; 151 bis; 152; 155; 166; 170; 172; 180; 182; 183; 206; 225; 229; 230; 233 bis; 244; 304; 374; 427; 436; 450; 460 bis; 480; 481; 482; 485; 493; 497; 500; 506; 507; 523; 528; 531; 544; 561; 575; 582; 583; 586; 600; 644; 689; ⟨690⟩; 703; 713; 714; 716; 732; 782; 799; 802 bis; 813; 817; 819; 820; 830; 833; 839; 843; 846; 848; 849; 860; 866; 868; 886; 930; 945; 962. sumus : 457. sunt : 442*; 449; 544; 555 bis; 570; 571; 597; 638; 671; 826; 877; 884; 892; 938. erit : 422; 701; 793; 969. erat : 219. fuit : 62; 434. fuerunt : 429; 921. fuerat : 790. sis : 508; 546. sit : 255; 635; 874. sint : 822. esses* : 541. esset : 99; 752. foret : 86; 752. forent : 98; 339; 779. fuisses : 621. fuisset : 278; 686; 755. fuerit : 69. esse : 105; 164; 183; 243; 384; 450; 501; 560; 624; 784. futurus : 175; 256; 332; 360

summitto : 768

summoveo : 890

summus : 72; 120; 273; 280; 431; 861

sumo : 154; 257; 326; 530; 569; 780

supellex : 864; 904

super *cum acc.* : 693

superadjicio : 436

superbia : 387

superbus : 517; 812

supernus : 461

supero : 37; 205; 320
supersum : 28; 271; 340; 704; 723; 941
superus : 604; 659; 684
supplicium : 54; 815
sursum : 547
suscipio : 478; 563; 588; 856; 947
suspicio : 377; 615
sustineo : 376
suus : 384; 924. sua : 84; 222; 272; 784; 847; 920. suum : 132; 288; 449; 656; 736; 744; 834; 935; 965 bis

tabesco : 882
tabula : 513
taceo : 522. tacitus : 191
tactus : 594
talentum : 903
talis : 12; 87
tam : 3
tamen : 241; 296; 299; 439; 548; 552; 575; 807; 844; 949; 962
tantus : 11; 15; 89; 158; 272; 278; 283; 409; 526; 831. tantum *adv.* : 292
tardo : 187
tardus : 128; 799; 896
tego : 48; 398; 842
tellus : 102; 147; 216; 528
telum : 91; 389; 897
tempero : 133; 240; 397
tempestas : 15; 198; 910
templum : 45; 82; 440; 531; 697; 925
tempus : 12; 63; 104; 109; 134; 177 bis; 197; 214; 333; 373; 396; 415; 445; 498; 678; 682; 692; 733; 756; 779; 801; 934
tendo : 347; 760
tenebrae : 159; 399; 611
teneo : 132; 165; 175; 248; 277; 280; 356; 468; 475; 486; 532; 566; 614; 657; 837
tener : 633; 840; 882
tento : 664
tenuis : 101
tergeo : 460
tergum : 145
terra : 86; 115; 181; 219; 258; 275; 321; 339; 753; 844
terrenus : 227; 322; 470; 489; 859
terreus : 696
terribilis : 382
terror : 323; 648; 960
tertius : 536; 620
testis : 191
testor : 922
teter : 763
timeo : 251; 564; 868
timor : 140
tolerantia : 873

tolero : 33; 357; 378; 607; 883
tollo : 52; 754
torpor : 126
torqueo : 898; 905
torrens : 707
torus : 331
tot : 25; 26 bis; 403; 417
totus : 27; 76; 181; 183; 212; 243; 249; 267; 335; 357; 717; 773; 863; 902; 966. totum *subst.* : 133; 173; 450; 902
tractabilis : 541
trado : 434
traduco : 366
traho : 299; 392; 444
trames : 474
tranquillus : 726
transcendo : 702; 933
transeo : 200; 247; 797
transfero : 189; 321; 909
transfundo : 292; 489
transgressor : 491
trepido : 475
trepidus : 168; 400; 598; 700. trepide *adv.* : 250
tres : 446
tribuo : 11; 72; 107; 319; 397; 745
tristis : 6; 32; 907
tropaeum : 535
trudo : 735
tu : 3; 7; 57; 473; 500; 501; 503; 505; 507; 508; 509; 510; 534; 542; 547 bis; 559; 577; 606; 617 bis; 624; 626; 627; 913. vos : 199; 421
tum : 329; 346
tumeo : 242; 935
tumesco : 571
tumidus : 832; 861
tunc : 287; 418; 621
turbo *v.* : 8; 21; 202; 373
turbo *n.* : 52; 61; 773; 839
turpis : 872; 894
tutus : 82; 242; 892; 935
tuus : 2; 506 bis; 527; 543; 548; 553 bis; 625; 916
tyrannus : 377; 393; 750; 944

ubi : 98; 793
ubique : 18; 183; 802
ulcus : 78; 885
ullus : 105; 131; 164; 188; 189; 236; 565; 781; 793; 850
ulterior : 38; 176; 469
ultor : 789
ultrix : 85; 748
umbo : 610
umbra : 398

INDEX LOCORUM SACRAE SCRIPTURAE

Vetus Testamentum (LXX)

Genesis
1:2   274
1:26 – 27   622; 745
1:26 – 28   264 – 66
1:31   603
2:7   221 – 22; 274; 739
2:19 – 20   262 – 63
3:1   665
4:3 – 8   305 – 16
4:4   307
4:6 – 7   311 – 13
5:24   321
6:4   329 – 31
6:9 – 8:19   335 – 40
9:2 – 3   264 – 66
17:5   347 – 48
18:16 – 19:29   350 – 55
37:5 – 36   361 – 62
39:1 – 20   363
41:14 – 16   364 – 65
41:54   357
41:54   357
44:1 – 45:8   366 – 67
46:1 – 47:12   358 – 59
47:13   356 – 57

Exodus
1:8 – 22   377 – 82
6:10 – 13   385 – 88
6:28 – 30   385 – 88
7:1 – 7   385 – 88
8:8   389 – 92
8:15   389 – 92
10:24   389 – 92
10:27   389 – 92
12:7   827 – 28
12:12 – 14   827 – 29
12:13 – 51   393 – 95
12:22 – 23   827 – 29
13:21 – 22   395 – 99
14:10 – 31   400 – 04
15:22 – 26   411
16:4 – 15   410
17:1 – 7   411
23:13   650
31:18   434 – 35
34:10 – 28   436 – 38

Leviticus
7:10   585 – 86
19:15   457 – 59

Numeri
6:26   307
20:2 – 13   411

Deuteronomium
1:17   457 – 59
4:19   612 – 15
6:13 – 14   649 – 50
8:4   412 – 13
17:3   612 – 15
17:4   674 – 75
21:33   524 – 25
29:4   412 – 13
30:11   510
32:35   785 – 86

Iosue
2:18   830 – 31
2:21   830 – 31
3:13 – 17   832
6:17   830 – 31
6:22 – 25   830 – 31
10:12 – 14   676 – 79

Regnorum
I   2:4 – 5   811 – 12
      2:7 – 8   811 – 12
III 10:1 – 10   443 – 44
      17:1   680 – 83
      18:37 – 38   684 – 85
IV   1:10 – 12   685
      2:11   327 – 28
      23:5   674 – 75

Iudith
5:15   411
8:27   887 – 88

Psalmi
      7:12   344
35 (36):7   933
35 (36):10   544

Proverbia
3:3   513

Novum Testamentum